首都圏版㉜　最新入試に対応！ 家庭学習に最適の問題集!!

東京学芸大学附属世田谷小学校

2024年度版 過去問題集

合格までのステップ

出題傾向の把握

基礎的な学習

過去問にチャレンジ!

苦手分野の克服

2018～2023年度
過去問題を掲載

日本学習図書（ニチガク）

こんなこと…ありませんか？

「ニチガクの問題集…買ったはいいけど、、、
この問題の教え方がわからない（汗）」

メールでお悩み解決します！

☆ ホームページ内の専用フォームで必要事項を入力！
☆ 教え方に困っているニチガクの問題を教えてください！
☆ 確認終了後、具体的な指導方法をメールでご返信！
☆ 全国どこでも！ スマホでも！ ぜひご活用ください！

<質問回答例>

推理分野の学習では、後の学習に活きる思考力を養うことができます。ご家庭で指導する場合にも、テクニックにたよらず、保護者の方が先に基本的な考え方を理解した上で、お子さまによく考えさせることを大切にして指導してください。

Q.「お子さまによく考えさせることを大切にして指導してください」と学習のポイントにありますが、考える習慣をつけさせるためには、具体的にどのようにしたらいいですか？

A. お子さまが考える時間を持てるように、質問の仕方と、タイミングに工夫をしてみてください。
たとえば、「答えはあっているけど、どうやってその答えを見つけたの」「答えは○○なんだけど、どうしてだと思う？」という感じです。はじめのうちは、「必ず 30 秒考えてから手を動かす」などのルールを決める方法もおすすめです。

まずは、ホームページへアクセスしてください!!

http://www.nichigaku.jp　日本学習図書　検索

家庭学習ガイド
東京学芸大学附属世田谷小学校

ペーパー　口頭試問　行動観察　運　動

入試情報

応 募 者 数：非公表
出 題 形 態：ペーパー形式・ノンペーパー形式
面　　　接：なし（口頭試問、保護者アンケートあり）
出 題 領 域：ペーパー（お話の記憶・模写）、行動観察、運動、口頭試問

入試対策

今年度の入試は以前実施されていた、巧緻性の問題がなくなりました。ペーパーでは、「お話の記憶」、「点図形（模写）」が出題され、行動観察では、ブロックを使ったドミノづくり、運動ではバケツ玉入れなど、お友達と協力して行う作業になりました。これまで同様、特に難しい内容ではなく、基礎的な学力や状況に適した常識・マナーや道徳を身に付けていれば対応できる問題です。「時間が足りず、焦ってしまった」というお子さまの声もありましたが、このような理由で実力を出せないのはもったいないです。過去問題集や出題頻度の高い問題に取り組み、慣れておくことをおすすめいたします。また、試験合格のための勉強というよりは、日常生活で大切な知識を身に付ける意識を持って、学習に臨むようにしましょう。

入試は、ペーパーテスト→運動→行動観察（口頭試問含む）の順に実施されました。ブロックの作業中に一人ずつ呼ばれ、口頭試問が行われます。試験時間は全体で50分程度です。ペーパーテストは立ったまま実施されますので、集中力や忍耐力が途切れないよう注意しましょう。立っていると悪い姿勢は目立ちますので、ふだんから姿勢を良くすることを心がけてください。運動や行動観察では、大人や初めて会うお友達などとの接し方や協調性が観られています。しっかり挨拶したり、ハキハキと話したりといった基本的な行動に加え、お友達と相談して問題を解決することができるよう、コミュニケーション力を身に付けておきましょう。

例年、行われている保護者の方へのアンケートは、今年度の場合、質問は2022年度と同じ内容でした。お子さまやご家庭のことなど、基本的な内容ですから、自然に答えられると思いますが、下書きを持参しておくと、より落ち着いて回答に臨めるでしょう。

●全体を通して10～20名のグループで実施されますが、行動観察ではさらに5名ほどの少人数グループに分かれました。はじめて会うお友達と協力して取り組む姿勢が求められます。
●道徳や公共のマナーに関する問題が毎年出題されています。体験を通して身に付けておくことが大切です。

「東京学芸大学附属世田谷小学校」について

〈合格のためのアドバイス〉

かならず
読んでね。

当校は、東京学芸大学附属小学校4校ある中で、最も学区の狭い学校ですが、応募者は毎年1000名を超える人気校です。

「学び続ける共同体としての学校の創造」という研究課題を掲げています。その教育内容には、日常生活の中でうまれる疑問を知的好奇心へとつなげ、自ら積極的に学ぼうとする子どもを育て、学力を伸ばすという狙いがあります。

入学考査は、ペーパーテスト、運動、行動観察、口頭試問が行われました。ペーパーテストは、サインペン（赤）を使用して実施されました。2022年度に、出題傾向に変化がありましたが、今年度の出題分野は、大きな変化は見られず、お話の記憶、点図形（模写）が出題されました。今年度の問題には入っていませんでしたが、お話の記憶では、志願者のマナーを観る内容が頻出となっています。このようなマナーに関する問題の場合、保護者の方の日常生活の行動などがお子さまに大きな影響を与えます。ふだんから公共の場での振る舞いなど、お子さまのマナーのお手本となるように、保護者の方は意識しましょう。

口頭試問では、例年、志願者の名前や今日の朝食などの基本的な質問から始まりましたが、今年度はテストの結果に対する保護者の方の発言を予想する、かなり難しい問いから始まりました。さらに、さまざまな子どもたちの様子や行動が描かれた絵を示して、感想や対応を求めるものも問われています。志願者自身のこと、経験したことは自分の言葉で伝えられるようにしておきましょう。過去には絵を見てどのように思うか、数の暗唱といった出題もされています。

以上のことから、当校の試験では年齢相応の経験をしているかどうかが観点になっていると言えます。志願者の周囲で起きた出来事や参加したイベントなどがあれば、その都度、意見や気がついたことなどを聞き、人に伝える力を養いましょう。また、志願者の考査中に、保護者の方にはアンケートの記入が例年、実施されています。約20分と短めの設定されています。今年度は、選択式の問題が3問、記述式の質問が3問と変更になりました。下書きの持参も許されているので、保護者の方はご家庭の教育観などについて、考えをまとめておきましょう。

〈2023年度選考〉

- ●ペーパーテスト（集団）
- ●運動（集団）
- ●行動観察（集団）
- ●口頭試問（個別）
- ●保護者アンケート（約20分／A4用紙1枚）

◇過去の応募状況

2023年度 非公表
2022年度 男子639名 女子583名
2021年度 男子650名 女子583名

〈保護者アンケート〉 ※詳細は問題8をご覧ください

①お子さまは普段どのように行動するタイプだと感じていらっしゃいますか。
②お子さまには、小学校でどのように学んでほしいですか。
③お子さまのことで不安や不満があったときは、主にどなたにご相談されてきましたか。
④お子さまがこれまで通っていた幼稚園や保育園はいかがでしたか。
⑤大人の手を焼くようなとき、ご家庭ではどのようにお子さんを支えたいと思いますか。

東京学芸大学附属
世田谷小学校

過去問題集

〈はじめに〉

現在、少子化が叫ばれているにもかかわらず、私立・国立小学校の入学試験には一定の応募者があります。入試は、ただやみくもに学習するだけでは成果を得ることはできません。志望校の過去における出題傾向を研究・把握した上で、練習を進めていくこと、試験までに志願者の不得意分野を克服していくことが必須条件です。そこで、本問題集は小学校を受験される方々に、志望校の出題傾向をより詳しく知って頂くために、出題頻度の高い問題を結集いたしました。最新のデータを含む精選された過去問題集で実力をお付けください。

また、志望校の選択には弊社発行の「**2024年度版　首都圏・東日本　国立・私立小学校　進学のてびき（5月中旬刊行予定）**」をぜひ参考になさってください。

〈本書ご使用方法〉

◆出題者は出題前に一度問題を通読し、出題内容などを把握した上で、〈 準 備 〉の欄に表記してあるものを用意してから始めてください。
◆お子さまに絵の頁を渡し、出題者が問題文を読む形式で出題してください。問題を読んだ後で、絵の頁を渡す問題もありますのでご注意ください。
◆「分野」は、問題の分野を表しています。弊社の問題集の分野に対応していますので、復習の際の目安にお役立てください。
◆一部の描画や工作、常識等の問題については、解答が省略されているものがあります。お子さまの答えが成り立つか、出題者が各自でご判断ください。
◆〈 時 間 〉につきましては、目安とお考えください。
◆本文右端の［〇年度］は、問題の出題年度です。［2023年度］は、「2022年の秋に行われた2023年度入学志望者向けの考査で出題された問題」という意味です。
◆学習のポイントは、指導の際にご参考にしてください。
◆【おすすめ問題集】は各問題の基礎力養成や実力アップにご使用ください。

〈本書ご使用にあたっての注意点〉

◆文中に **この問題の絵は縦に使用してください。** と記載してある問題の絵は縦にしてお使いください。
◆〈 準 備 〉の欄で、クレヨン・クーピーペンと表記してある場合は12色程度のものを、画用紙と表記してある場合は白い画用紙をご用意ください。
◆文中に **この問題の絵はありません。** と記載してある問題には絵の頁がありませんので、ご注意ください。なお、問題の絵の右上にある番号が連番でなくても、中央下の頁番号が連番の場合は落丁ではありません。
下記一覧表の●が付いている問題は絵がありません。

問題1	問題2	問題3	問題4	問題5	問題6	問題7	問題8	問題9	問題10
			●	●			●		
問題11	問題12	問題13	問題14	問題15	問題16	問題17	問題18	問題19	問題20
	●	●	●	●		●	●		
問題21	問題22	問題23	問題24	問題25	問題26	問題27	問題28	問題29	問題30
	●	●	●	●					
問題31	問題32	問題33	問題34	問題35	問題36	問題37	問題38	問題39	問題40
●	●	●	●		●				

㊢ 先輩ママたちの声！

◆実際に受験をされた方からのアドバイスです。
ぜひ参考にしてください。

東京学芸大学附属世田谷小学校

・問題は難しいわけではなかったですが、点図形の練習はしておいた方が良いと思います。

・サインペンは練習して慣れておいた方が良いです。

・先生がおっしゃることをしっかりと聞き、約束事を守れるように日頃から気をつけておけば大丈夫です。トイレは教室前と受付に入る前の２カ所ありました。

・過去問を解いて傾向をつかんでおいた方が良いです。

・本番の雰囲気に飲み込まれず、その子らしさを出せるかが大切だと思います。

・説明会はオンラインでしたが、学校が望んでいる子どもの像が何となくわかりました。

・マナーがしっかりしている子が求められていると感じました。公共交通機関で騒いだり、走ってはいけないところで走ったり、話を最後まで聞けないようであれば注意してほしいとおっしゃっていました。

・「人としてのあたたかさ」を大切にしているところが印象的でした。

・訓練された子がかなり多い印象でした。

・行動観察と口頭試問が何より大切な印象です。

・かなり寒いので、ひざかけなど調節できるものがあると便利です。

・アンケートの記入時間は短いので、下書きの持参と、シャープペンシルでの記入をおすすめします。

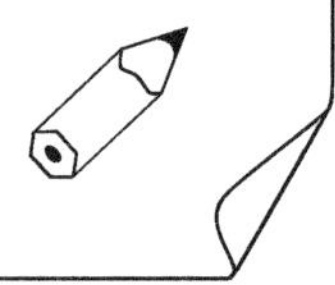

◎学習効果を上げるため、前掲の「家庭学習ガイド」及び「合格のためのアドバイス」をお読みになり、各校が実施する入試の出題傾向を、よく把握した上で問題に取り組んでください。
※冒頭の「本書のご使用方法」「ご使用にあたっての注意点」も併せてご覧ください。

2023年度の最新入試問題

問題1　分野：お話の記憶

〈準備〉　サインペン（赤）

〈問題〉　お話をよく聞いて、後の質問に答えましょう。

夏のある日、ネズミくん、キツネさん、ウサギさん、クマさん、サルくんと公園へ遊びに行く約束をしていました。とても暑かったので、公園に着いたクマさんは、タオルで汗を拭きました。キツネさんも日陰に入ろうと、木の下に向かって走りました。その後に着いたサルくんは、オタマジャクシを探しに池に行くと、池には、ボートがたくさん停まっていました。すべり台で遊びたいウサギさんは、キョロキョロしてすべり台を探しました。ネズミくんは、クワガタとカブトムシを捕りに行くことに決めました。ネズミくんのお母さんに「帽子をかぶって水筒を持っていきなさい。虫カゴをかけて、虫捕り網も忘れないようにね」と言われ、ネズミくんはあわてて準備をして、最後にお弁当を持って家を出たので、みんなより少し遅れて公園に着きました。ネズミくんは、虫を探していろいろなところを歩き回り、川のそばまで来ました。すると、川の向こうから船のような形をした葉っぱが流れてくるのが見えました。近くまで流れてきたのでよく見ると、「泳いでいる魚のようにも見えるなあ」と思いました。しばらくすると、お腹が空いたので、みんなでシートを広げ、一緒にお弁当を食べることにしました。ネズミくんの四角いお弁当箱には、おにぎりが３つとミニトマトが２つ入っていました。お昼ごはんを食べ終わった後は、みんなでお家へ帰ることにしました。とても楽しい夏の思い出になりました。

（問題１の絵を渡す）
①汗をかいてタオルで拭いたのは誰ですか。選んで○をつけてください。
②川で流れてきたものは何ですか。選んで○をつけてください。
③ネズミくんが、お母さんに準備するように言われたものの順番に、線を引いてください。
④ネズミくんのお弁当箱はどれですか。選んで○をつけてください。

〈時間〉　各15秒

〈解答〉　①真ん中（クマ）　②右から２番目（葉っぱ）
③帽子→水筒→虫カゴ→虫捕り網
④右下（四角いお弁当箱におにぎり３つとミニトマト２つ）

学習のポイント

この問題はお話も短く、内容もそれほど難しくはありませんが、登場する動物が多く、動物たちの行動もみんなバラバラです。そのため、それぞれの行動を整理しておくことが大切です。混乱しないようにするために、日頃からことばに触れる機会を多くし、読み聞かせを習慣化し、内容も記憶することに慣れておくことがおすすめです。問題③は少し難しかったでしょうか。ネズミくんのお母さんから、準備するように言われた物だけでなく、言われた順番の記憶も必要な問題です。おすすめの対策として、読み聞かせに加え、日常生活でも同じような伝え方をすることで、お子さまはイメージをつかみやすくなるでしょう。また、今では、環境変化により産卵に必要な水辺が少なくなり、オタマジャクシの数も減少しているため、実物を見たことがないお子さまも多いかもしれません。当校の教育は、自然を利用した理科の授業が特徴です。日頃から自然に触れておき、お子さまの知的好奇心や探究心を刺激することが大切です。

【おすすめ問題集】

1話5分の読み聞かせお話集①・②、お話の記憶 初級編・中級編・上級編、
Ｊｒ・ウォッチャー19「お話の記憶」

問題2　分野：点図形（模写）

〈準備〉　サインペン（赤）

〈問題〉　左の見本をよく見て、同じように描いてください。

〈時間〉　1分

〈解答〉　省略

学習のポイント

当校では、2020年度から模写の問題が続いています。入試では、先生が黒板にお手本の図形を描き、その後に行います。ここで、どの点から描き始めてどのように運筆したのか、しっかり見て覚えておくことが大切です。2023年度は点の数が多く、また配置がバラバラで難易度も高くなっています。また、描き出してから悩んでいると、筆記具のインクで紙がにじんでしまいます。万が一、間違えてしまったときは、二重線を引いて描き直しすることもできますが、見づらくなってしまうだけでなく、制限時間も余裕がありません。一度で完成させられるようにしましょう。そのためには、素早い位置関係の把握と筆記具の正しい持ち方が大切です。位置関係の把握は、オセロや将棋盤などで身につけることができます。また、ペンの持ち方を見直し、一定の筆圧と速度で、かつ丁寧に線を引けるように、日常のお絵描きでサインペンを使って慣れることをおすすめします。

【おすすめ問題集】

Ｊｒ・ウォッチャー51「運筆①」、52「運筆②」

問題3　分野：運動（集団行動）

※問題３・４は続けて行う。

〈準備〉　15人程度で行う。５人ずつのグループに分かれ、それぞれグループごとに黄・
この問題は絵を参考にして下さい。

〈問題〉
（問題３の絵を見て）
玉を入れてあるカゴがありますので、１個ずつ取り、線のところから１人ずつ投げて、バケツに入れてください。玉を投げたら列のうしろに回り、１人２回行います。投げるときは、線より前に出てはいけません。バケツに入らなかったら、玉を拾ってから列のうしろに並びます。バケツに入ったら、玉を入れてあるカゴから、玉を１つとってから列のうしろに並んでください。
では、みんなでバケツ玉入れをします。早く入れ終わったグループが勝ちです。終わったら、片付けをしてください。

〈時間〉　適宜

〈解答〉　省略

学習のポイント

運動の分野では、2022年度より模倣体操から玉入れに移行しています。玉入れもボール遊びの一環としてとらえ、家で練習するときは、楽しんで取り組むようにしましょう。しかし、この問題では、ただの遊びとしてではなく、競技中のルールがいくつか指示されています。玉が入ったかどうか以外にも、話を聞いているときの姿勢や態度、指示がきちんと守れているかについても、非常に大切なポイントになります。例えば、「ほかのお友達が競技しているときは、静かに待っていられるか」「人の目を見て話を聞いているか」などがあります。一見遊びのように見える競技でも、切り替えが必要なところは意外と多くあります。特に、自分の競技が終わった後は、どうしても気が緩みがちになります。最後まで集中し、緊張感を持って１つひとつの所作を丁寧にできるよう、日頃から意識しておくとよいでしょう。

【おすすめ問題集】
新運動テスト問題集、Ｊｒ・ウォッチャー28「運動」

問題4　分野：行動観察

〈準備〉　薄い木製の板状のブロック200枚。15人程度で行う。

〈問題〉　この問題の絵はありません。
（15人のグループになる）
みんなで協力して、板状のブロックをドミノ倒しのように並べましょう。

〈時間〉　約15分

〈解答〉　省略

学習のポイント

当校では、行動観察が非常に重要視されており、近年は木製ブロックが使用されることが多く、内容は2022年度同様、ドミノ倒しをつくることでした。このような問題の場合、完成の出来ではなく、協調性について観られていると考えた方がよいでしょう。お友達との協調性、つまり、初対面のお友達とうまく連携をとれるか、問題がおきたときどのように対処するのか、積極性などについて観られています。うまく連携をとることは、自分の意見を言わずただ相手に合わせるという意味ではありません。自分と違う意見が出たときは、相手の意見を尊重しつつ発言することが大切です。日常生活でも、お子さまはどう思うか聞き、その後に保護者の方の意見も伝えてみてください。そこで、自分とは違う意見との出会いと学びを得ることができるでしょう。意見が分かれたら、しっかりと話し合い、お互いの意見を受け入れた上で、最善策を見出す力を養いましょう。

【おすすめ問題集】

Ｊｒ・ウォッチャー29「行動観察」

問題5　分野：口頭試問

※問題5・6は続けて行う。

〈準備〉　なし

〈問題〉　**この問題の絵はありません。**

①お母さんの作るごはんで好きなものは何ですか。

②テストが全部○だったら、お父さんやお母さんは何て言うと思いますか。

③テストが全部×だったら、お父さんやお母さんは何て言うと思いますか。

〈時間〉　適宜

〈解答〉　省略

学習のポイント

当校で行動観察と並んで重要視されているのが、口頭試問です。2022年度と同様、問題4の間に呼ばれ、問題5～7の口頭試問を受ける流れになります。口頭試問に正解はありませんので、その分悩むかと思いますが、2023年度は特に③の質問が難しかったと思います。質問されたとき、お子さまは、過去の類似した経験から、保護者の方に言われた内容、表情、声色を思い出します。いつもお子さまとの会話の中で、どのように伝えているか、お子さまのことだけではなく、保護者の方の言動も振り返ってみてください。また、口頭試問はお子さまが試験官と直接話し合える唯一の場です。そのため、試験官役は保護者の方以外の大人にやっていただくなど、工夫と練習を重ね、本番での緊張感に慣れておくとよいでしょう。

【おすすめ問題集】

新口頭試問・個別テスト問題集、面接テスト問題集、

口頭試問最強マニュアル「生活体験編」

問題6　分野：口頭試問

〈準備〉　なし

〈問題〉　（問題６の絵を見て）
６人のお友達がいて、３人がサッカー、他の３人が折り紙をしたいと言っています。ここにあなたがいたらどうしますか。

〈時間〉　適宜

〈解答〉　省略

学習のポイント

この問題では、６人のやりたいことが２つに分かれています。サッカーか折り紙、どちらか片方を選び、６人全員で遊ぶとなると、そのうち３人はやりたいことができません。この問題で大切なのは、６人全員がみんな嫌な気持ちにならず、遊べるようにするにはどのようにしたらよいのかを考えることです。この問題では、あなた以外の６人のお友達がいる設定ですが、例えばあなたがサッカーをしたい３人のうちの１人だとしても、折り紙をしたいと言っている３人の気持ちを汲み取ってあげることができるでしょうか。当校では、「問題が発生したとき、自分で考えて解決を目指す力を育成すること」を重要視しています。公園などでほかのお友達と問題や争いが起きたときは、保護者の方が介入するのではなく、まずはお子さま同士で話し合い、様子を見守るようにしてください。日常生活で問題解決力を養うことで、問題が発生したときも臨機応変に対応できるようになるでしょう。

【おすすめ問題集】
新口頭試問・個別テスト問題集、Ｊｒ・ウォッチャー56「マナーとルール」、
口頭試問最強マニュアル「生活体験編」

問題7　分野：口頭試問

〈準備〉　なし

〈問題〉　（問題７の絵を見て）
３人のお友達は、お絵かきで遊んだあと、おにごっこをするお約束をしています。お絵かきをしているお友達はまだ片付けが終わっていませんが、「先におにごっこをしていいよ」と言いました。先に片付けを終わらせたお友達が、「早くおにごっこをしようよ」と言いました。この場にいたらあなたはどうしますか。

〈時間〉　適宜

〈解答〉　省略

人の気持ちを想像できるかを問う問題は、必ず出題されています。右下のお絵かきをしているお友達の周りには、クレヨンや本が散らばっています。そのお友達が、「先に行っていいよ」と言い、２人が先に行ってしまったら、部屋に残されたお友達はどのような気持ちになるでしょうか。困っているお友達がいたら、まずそのお友達の状況を把握し、自分はどのように対応すべきか、何ができるかを考える必要があります。状況によっては、ほかにも助けてくれるお友達を集った方がよいでしょう。当校では「自主的な活動」を大切にしますので、日頃から「どのように行動したらよいか」を考え、動く習慣をつけられるようにしましょう。まずは、身近な家事のお手伝いなどから、「手を差しのべる」習慣を取り入れてはいかがでしょうか。

【おすすめ問題集】

新口頭試問・個別テスト問題集、Ｊｒ・ウォッチャー56「マナーとルール」

家庭学習のコツ①　「先輩ママのアドバイス」を読みましょう！

本書冒頭の「先輩ママのアドバイス」には、実際に試験を経験された方の貴重なお話が掲載されています。対策学習への取り組み方だけでなく、試験場の雰囲気や会場での過ごし方、お子さまの健康管理、家庭学習の方法など、さまざまなことがらについてのアドバイスもあります。先輩ママの体験談、アドバイスに学び、ステップアップを図りましょう！

問題8　分野：アンケート

〈準　備〉　筆記用具

〈問　題〉　**この問題の絵はありません。**

（アンケート用紙はＡ４サイズで、志願者の考査中に実施される）

１．お子さまは普段どのように行動するタイプだと感じていらっしゃいますか。
①１人で何かに没頭していることが多い。
②数人のお友達とよく行動をともにする。
③大勢のお友達と隔てなく遊んでいる。
④大人や年長者に物怖じしない。
⑤仲間のリーダー役になることを好む。
⑥何事にも慎重で自己主張もしない。

２．お子さまには、小学校でどのように学んでほしいですか。
①各教科まんべんなく学力を養ってほしい。
②得意な分野をできるだけ伸ばしてほしい。
③やりたいことを思うようにやってほしい。
④学業は当然だが、十分遊んでほしい。
⑤好きなことを深めていってほしい。
⑥ありのままでよいので特に望みはない。

３．お子さまのことで不安や不満があったときなどは、主にどなたにご相談されてきましたか。
①夫または妻
②祖父母など親族
③友人や知人
④保育士や幼稚園教諭
⑤④以外の専門家
⑥誰にも相談しない

４．お子さまがこれまで通っている幼稚園や保育園はいかがでしたか。もしほかに通われていた施設がございましたら、その感想も含めてお書きください。

５．小学校の時期の子どもたちの発達は、めざましく多様です。大人の手を焼くこともありますが、そのようなとき、ご家庭ではどのようにお子さまを支えたいと思いますか。

６．小学校の先生に期待されることと、こうあってほしいことはございますか。今のお気持ち、ご意見をお書きください。

〈時　間〉　約20分

〈解　答〉　省略

学習のポイント

2022年度と質問内容や設問形式は同じで、試験官が約20分後に回収しに来るという流れで行われました。例年通り、下書きの持参も可能ですので、あらかじめ下書きを作成したものを持参すれば慌てることなく安心できると思います。制限時間については、少し早めに回収される場合もあるそうなので、だいたい15分ほどで記入し、残り５分ほどで見直すといった時間配分にしておくのがおすすめです。また、設問２、５、６は、小学校入学後についての内容です。ご家庭内での教育観の軸を決めておくと答えやすいでしょう。

【おすすめ問題集】
新・小学校受験　願書・アンケート　文例集500

問題9　分野：お話の記憶

〈準 備〉　サインペン（赤）

〈問 題〉　お話をよく聞いて、後の質問に答えましょう。

ある冬の晴れた日、クマくん、キツネくん、ウサギさん、ネズミさん、サルくんたちは幼稚園の遠足で公園に行きました。ウサギさんは「ふぅー、寒い」と言って手袋をはめました。公園に着くと、５人はブランコで遊ぶことにしました。ブランコは１つしかなかったので、はじめにクマくんが乗り、他のみんなは一列に並んでいました。すると3番目に並んでいたネズミさんが「トイレに行ってくる」と言って列を抜けました。トイレから戻ってきたネズミさんに向かって、「前においでよ」とサルくんが声をかけると、キツネくんが「ボクが取っておいたから、ボクの前に並んでいいよ」と言いました。ウサギさんは「いっしょにみんなの後ろに並びましょう」と言いました。そして、ブランコで遊んだ後、みんなで公園にある大きな池へ行くと、池は凍っていました。クマくんは楽しそうに「わあ、スケートができそうだね」と言いました。キツネくんは凍った池をのぞきこんで、「鏡みたい」と驚いていました。サルくんは「春に来たときはおたまじゃくしがたくさんいたよ」と、池を指差して言いました。それから、みんなが楽しみにしているおやつの時間になりました。ウサギさんが四角いお皿にクッキーとキャンディを出してくれたので、みんなで集まって食べました。しばらくすると、クマくんが「もうお腹がいっぱいで食べられないよ」と言ったので、他のみんなも「おいしかった。ごちそうさまでした」と言い、おやつの時間が終わりました。お皿にはクッキー３枚と、キャンディ４つが余っていました。「寒かったけど、楽しい遠足だったね」とウサギさんが言うと、サルくんが「早く暖かくなるといいね」と答えました。そして、みんなバスに乗って、幼稚園へ帰りました。

（問題９の絵を渡す）
①手袋をはめたのは誰ですか。選んで○をつけてください。
②正しいことを言ったのは誰ですか。選んで○をつけてください
③キツネくんが凍った池をのぞいたときに見えたものは何ですか。選んで○をつけてください。
④サルくんが春に池で見たものは、今、どうなっていますか。選んで○をつけてください。
⑤余ったおやつがのっているお皿はどれですか。選んで○をつけてください。

〈時 間〉　各15秒

〈解 答〉　①左端（ウサギ）　②右端（ウサギ）　③左から２番目（キツネ（自分）の顔）
④右端（カエル）　⑤左端（クッキー３枚とキャンディ４つ）

［2022年度出題］

学習のポイント

お話の記憶の問題ですが、さまざまな要素が盛り込まれた構成になっています。特にこの問題でポイントとなるのは以下の２問になります。まずは設問②です。正しい行動をとった動物が問われていますが、このような常識に関する問題は、近年、大きな差がつく問題の一つになっています。お子さまの場合、日常生活で習得したことをそのまま解答とする場合がよく見られますのでご注意ください。もう１問は設問③です。「キツネくんが凍った池をのぞいたとき、見えたものは何ですか」という設問ですが、お子さまは凍った池をのぞいた経験があるでしょうか。凍った池の表面が鏡のようになり、自分の顔が映ります。多くのお子さまはないと思いますが、この問題のように、生活体験の有無、多少が答えに影響することは小学校の受験ではよくあることです。これら２問を見てれば、お分かりいただけると思いますが、お話の記憶の問題は、お話の内容について、経験がある場合と、ない場合とでは記憶に差が生じます。同じようによく言われていることは、お話の記憶は読み聞かせの量に比例するということです。これらのアドバイスを参考にして対策を立ててください。

【おすすめ問題集】

１話５分の読み聞かせお話集①・②、お話の記憶 初級編・中級編・上級編、
Ｊｒ・ウォッチャー19「お話の記憶」、34「季節」、56「マナーとルール」

問題10　分野：点図形（模写）

〈準 備〉　サインペン（赤）

〈問 題〉　左の見本をよく見て、同じように右側に書き写してください。

〈時 間〉　１分

〈解 答〉　省略

［2022年度出題］

家庭学習のコツ②　「家庭学習ガイド」はママの味方！

問題演習を始める前に、試験の概要をまとめた「家庭学習ガイド（本書カラーページに掲載）」を読みましょう。「家庭学習ガイド」には、応募者数や試験課目の詳細の他、学習を進める上で重要な情報が掲載されています。それらの情報で入試の傾向をつかみ、学習の方針を立ててから、対策学習を始めてください。

学習のポイント

実際の入試では、先生が黒板にお手本の図形を書いた後、お子さまが回答用紙に模写します。黒板を見ながら模写するので、線が曲がったり、点からはみ出したりしないよう、丁寧に線を引くようにしましょう。また、当校の入試では筆記用具にラッションペンを使用します。ラッションペンを紙に当てたまま考えているとインクが解答用紙に染みてしまい、解答用紙が汚れてしまいます。当校の試験対策では、このようなことも考慮しなければなりません。ですから、この問題を解く場合、線が引かれている点の位置関係を早く、正確に把握することが必要です。特に左端上から２段目の点から左から２列目、一番下の点までの２列分、点の間に線を引かなければなりません。これはお子さまにとってはかなり難易度の高い線といえます。このような間を通す線を正しく引くためには、次の点の位置関係を正確に把握し、長い線を一気に引く練習もしなければなりません。2022年度の志願者の中には、「時間が短く、難しかった」と感じたお子さまもいるようです。そのためには、まずは正しい筆記用具の持ち方ができているか確認してください。そして、線を引く対策は楽しみながら取り入れられるようにし、位置関係の把握はオセロや将棋盤などを利用するとよいでしょう。

【おすすめ問題集】
Ｊｒ・ウォッチャー51「運筆①」、52「運筆②」

問題11 分野：推理（条件迷路）

〈準備〉 サインペン（赤）

〈問題〉 ウサギさんとクマさんとサルくんがじゃんけんをしています。「パーに勝つのはチョキ」などというように、ウサギさんが勝った方の道を進むと、右端の中のどのマスに着きますか。ウサギさんが最後に着くマスに○をつけてください。上下、左右に進めます。斜めには進めません。

〈時間〉 30秒

〈解答〉 下図参照

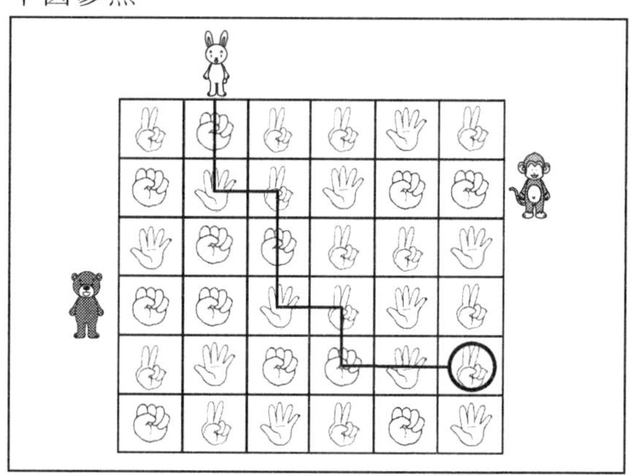

［2022年度出題］

学習のポイント

本問は、条件迷路の問題ですが、「じゃんけんで勝った方向へ進むという内容」はふだんの遊びのように楽しみながらできるのではないでしょうか。この問題で注意したいのは、「ウサギさんだけやる」「じゃんけんで勝った方向へ進む」などの条件をきちんと聞いて、理解できるかどうかです。「ウサギさんとクマさんとサルくんがじゃんけんをする」ということで、クマさんやサルくんをどうするか迷ってしまうかもしれませんが、先生の説明を最後まで集中して聞き、「ウサギさんだけやる」という条件を聞きもらさないようにしましょう。また、何かを行う際に条件が出された場合、的確に反応できるよう、日常生活や遊びの中でも、「～したらどうなる？」という条件をお子さまに出して、考えさせるような練習を繰り返すのもおすすめです。

【おすすめ問題集】

Ｊｒ・ウォッチャー７「迷路」

問題12　分野：指示行動（巧緻性）

〈準備〉　Ａ４サイズの水色の画用紙１枚、Ｂ６サイズの青のクリアファイル１枚。お手本として、問題の指示に従って１つ作っておく。

〈問題〉　**この問題の絵はありません。**
Ａ４サイズの紙をきれいに２つ折りにして、クリアファイルに入れてください。紙が開く方をファイルの内側にしまってください。

〈時間〉　１分

〈解答〉　省略

［2022年度出題］

学習のポイント

この問題は、言われたことを覚えているだけではなく、言われたことを行動に移さなければなりません。解答するとき、頭の中でも同じことができるか。次に、頭の中で思い描いたことを行動に移すことができるか、という２段階の対応が求められます。また、この問題に対する対策は、２つに分けて取り入れることをおすすめします。１つは「言われていることを正しく理解して行動する」対策、もう１つは「巧緻性」に関する対策です。前者は、日常生活でお子さまに指示をする際、段取りごとに分けて伝えます。このようにすることで、言われたことを順番にとらえる練習とします。後者の巧緻性の対策は、量をこなすことを中心に、慣れと上達を図ります。入試ですから、ただできればよいというものではありません。出来映えはどうかも大切な要素なので、回数を多くし、扱いに慣れることが大切になってきます。

【おすすめ問題集】

Ｊｒ・ウォッチャー25「生活巧緻性」、実践 ゆびさきトレーニング①②③

問題13　分野：運動（集団行動）

※問題13・14は続けて行う。

〈準備〉　網カゴ、帽子、ボール。15人程度で行う。５人ずつのグループに分かれ、それぞれグループごとに違う色の帽子をかぶる。子どもたちはカゴの周りに間隔をあけて座る。目の前に１人２個ずつボールが置いてある。

〈問題〉　**この問題の絵はありません。**
これからみんなで玉入れをしましょう。前にカゴがありますので、持っているボールを１つずつ投げて、カゴに入れてください。自分の前にあるボール以外を入れてもいいです。全部入れ終わったら成功です。

〈時間〉　適宜

〈解答〉　省略

［2022年度出題］

学習のポイント

この問題のポイントは、いくつかあります。この問題の観点は、競技を行う際の約束事を守れるか、意欲的に行っているかなど、競技以外のことに関するチェックポイントが多く含まれています。指示を見ると、「ボールを１つずつ投げ入れる」「どのボールを入れてもいい」「全部入れたら終了」と３つの指示が出されています。さらに細分化してみると、競技前後の待機時の態度はどうか。特に競技後、気が緩み、他のお友達と話したり、ふざけたり、他のお友達の悪口などを言ったりしていないか。次に競技中のチェックポイントとして、意欲的に取り組んでいるか。他のお友達とボールの取り合いになったときにどうするか。積極的に行えているかなどがあります。そして、最初にも挙げましたが、指示された約束を守って競技を行えているかという点になります。多くのことは、試験対策としてよりも、日常生活に関する内容が多く含まれていることがお分かりいただけると思います。

【おすすめ問題集】
新運動テスト問題集、Ｊｒ・ウォッチャー28「運動」

問題14　分野：行動観察

〈準備〉　薄い木製の板状のブロック200枚。15人程度で行う。

〈問題〉　**この問題の絵はありません。**
（15人のグループになる）
みんなで協力して、板状のブロックをドミノ倒しのように並べましょう。まわりのお友達に声をかけて、いっしょに並べてください。

〈時間〉　約15分

〈解答〉　省略

［2022年度出題］

学習のポイント

このような問題は、どれだけできたかというよりも、あえて失敗する状況を作りだし、その状況下においてどのように行動するかを観る内容ととらえた方がよいでしょう。このように過去問題などを目にした際、保護者の方は何をしたかに着眼すると思いますが、それよりもこの内容で起きる状況を想像し、自分が教師だったらどのような子どもを求め、どのような子どもには遠慮してもらいたいか、という観点で見ると、問題の着眼点が見えてきます。その着眼点が見えてきたら、それに関する内容を日常の中に取り入れて経験を積むようにすれば対策となります。うまくいかないときに他人を責めたり、文句を言ったり、並べたブロックを勝手に倒したりなどといった、協調性を乱す言動は大きなマイナスとなりますので気をつけてください。また、入試は初めて会うお友達ばかりです。初対面の人と行動を共にすることが苦手なお子さまもいると思いますが、そうした練習もしておきましょう。

【おすすめ問題集】

Ｊｒ・ウォッチャー29「行動観察」

問題15　分野：口頭試問

※問題15・16・17は続けて行う。

〈準備〉　なし

〈問題〉　**この問題の絵はありません。**

①お名前を教えてください。

②あなたが朝、起きたら熱が出ていました。お父さんやお母さんはあなたになんと言うと思いますか。

〈時間〉　適宜

〈解答〉　省略

［2022年度出題］

学習のポイント

問題14の行動観察の間に、試験官に呼ばれて問題15～問題17の口頭試問を受けるという形式です。本問の②の質問は盲点です。それは、保護者の方にとっては、「たかが１回」のことでも、お子さまにとっては「されど１回」という状況は意外とあります。その「されど１回」を伝えたときが入学試験だったということは絶対に避けたいものです。そうならないためにも、普段から保護者の方は言動に気をつけておいてください。この質問はコロナ禍の行動であり、モラルに関する内容です。そしてこのような質問は、お子さまを通して保護者の方の考え方、モラルを問う内容にもなっています。こうした内容での減点は、意外と大きな減点となります。それは、学校側は入学後のことを考えるからです。集団で生活を送るにおいて、自分勝手に振る舞う家庭のお子さまの入学は好まれません。そう考えると、こうしたモラルに関する質問は、保護者の方々が考えているよりも大きな落とし穴とみる方が正解となるでしょう。

【おすすめ問題集】

新口頭試問・個別テスト問題集、面接テスト問題集

問題16　分野：口頭試問

〈準備〉　なし

〈問題〉　（問題16-1の絵を渡す）
①みんなでピクニックに行きました。絵の中で、気になる子どもはいますか。なるべくたくさん教えてください。
（問題16-2の絵を渡す）
②左側の木の下にいる男の子がいます。この男の子はどんな気持ちだと思いますか。選んで○をつけてください。

〈時間〉　適宜

〈解答〉　①省略　②左端（悲しい）

［2022年度出題］

学習のポイント

①では、公共の場にいるときや、お友達など他の人といっしょにいるときの常識やマナーについて、どの程度、正しく認識しているかが聞かれています。遠足でのお弁当など楽しい場面でも、ウインナーを持って走り回ったり、寝っ転がりながら食べたりするのは悪いことです。左端の女の子は靴のまま敷物に上がっているのでいけません。また、中央の腕組みをして考え込んでいる子は「お弁当の包が開けられなくて困っているのかな」や、右端で泣いている子は「大好物のおにぎりを落としてしまって泣いているのかな」など、どんなことでもよいので気が付いたり、思ったりしたことを言うようにしましょう。自分の意見がきちんと言えるかも大切なポイントです。②では、お子さまが他の人に対してどのような気遣いをするのかが観られています。独りぼっちの子がどんな気持ちなのかを考え、どのように声をかけるか、といった思いやりの心を自然に持てるようにしたいですね。

【おすすめ問題集】
新口頭試問・個別テスト問題集、Ｊｒ・ウォッチャー56「マナーとルール」
口頭試問最強マニュアル「生活体験編」

問題17　分野：口頭試問

〈準備〉　なし

〈問題〉　**この問題の絵はありません。**
①あなたがオモチャ屋さんでオモチャを触っていたら、壊してしまいました。お母さんはあなたになんと言うと思いますか。
②お母さんはどうすると思いますか。

〈時間〉　適宜

〈解答〉　省略

［2022年度出題］

学習のポイント

この問題はお子さまにとって難しい問題だと思います。と申し上げるのも、経験したことがないお子さまがほとんどだからです。保護者の方々はご自分の対応が想像できると思います。その想像したことそのままが、お子さまの回答になると思ってください。多くの場合、感情に負けて、その場でお子さまを怒ってしまうと思います。しかし、わざと壊したのなら別ですが、誤って壊してしまったのであれば対応も変わると思います。もちろん、人の物を壊すことは良いことではありませんが、壊したときにどうするのかを、お子さまに規範意識を持って見せることが大切だと思います。近年、人に謝罪をすることができない大人が増えていると思います。ご家庭内において、挨拶、お礼などを意識しているご家庭は多いと思いますが、ぜひ「謝る」こともその中に加えてください。そのような環境が身の回りにあることで、こうした質問にも、自然とすぐによい回答が出てくると思います。そういうことが自然にできる家庭は素晴らしいと思いませんか。受験を通して家庭力をアップしていただきたいと思います。

【おすすめ問題集】

新口頭試問・個別テスト問題集、Ｊｒ・ウォッチャー56「マナーとルール」

家庭学習のコツ③　効果的な学習方法～問題集を通読する

過去問題集を始めるにあたり、いきなり問題に取り組んではいませんか？　それでは本書を有効活用しているとは言えません。まず、保護者の方が、すべてを一通り読み、当校の傾向、ポイント、問題のアドバイスを頭に入れてください。そうすることにより、保護者の方の指導力がアップします。また、日常生活のさまざまなことから、保護者の方自身が「作問」することができるようになっていきます。

問題18　分野：アンケート

〈準備〉　筆記用具

〈問題〉　**この問題の絵はありません。**

（アンケート用紙はＡ４サイズで、志願者の考査中に実施される）

１．お子さまは普段どのように行動するタイプだと感じていらっしゃいますか。
①１人で何かに没頭していることが多い。
②数人のお友達とよく行動をともにする。
③大勢のお友達と隔てなく遊んでいる。
④大人や年長者に物怖じしない。
⑤仲間のリーダー役になることを好む。
⑥何事にも慎重で自己主張もしない。

２．お子さまには、小学校でどのように学んでほしいですか。
①各教科まんべんなく学力を養ってほしい。
②得意な分野をできるだけ伸ばしてほしい。
③やりたいことを思うようにやってほしい。
④学業は当然だが、十分遊んでほしい。
⑤好きなことを深めていってほしい。
⑥ありのままでよいので特に望みはない。

３．お子さまのことで不安や不満があったときなどは、主にどなたにご相談されてきましたか。
①夫または妻
②祖父母など親族
③友人や知人
④保育士や幼稚園教諭
⑤④以外の専門家
⑥誰にも相談しない

４．お子さまがこれまで通っていた幼稚園や保育園はいかがでしたか。もし他に通われていた施設がございましたら、その感想も含めてお書きください。

５．小学校の時期の子どもたちの発達は、めざましく多様です。大人の手を焼くこともありますが、そのようなとき、ご家庭ではどのようにお子さまを支えたいと思いますか。

６．小学校の先生に期待されることと、こうあってほしいことはございますか。今のお気持ち、ご意見をお書きください。

〈時間〉　適宜

〈解答〉　省略

［2022年度出題］

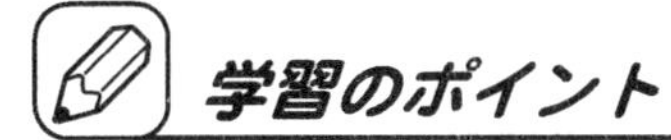

2021年度と同じ質問内容が出されました。2020年度より、選択式の設問が半分程度加わり、以前より回答時間にゆとりができたものの、記述式の回答欄は一回り小さくなったようです。字数制限はなく、裏面を使ってもかまわないそうなので、質問に沿った回答をすることと誤字脱字に気をつけて、書きたいことを充分に書きましょう。下書きを持参して見ながら書いてよいとのことですので、過去問のアンケートをいくつか書いて当校の教育的な視点を理解し、それを踏まえてご家庭の教育方針をまとめておくと、アンケートの内容に答えやすくなるでしょう。

【おすすめ問題集】
新・小学校受験　願書・アンケート　文例集500

問題19　分野：お話の記憶

〈準備〉　サインペン（赤）

〈問題〉　お話をよく聞いて、後の質問に答えましょう。

今日はよく晴れた、とてもよいお天気なので、クマくん、ウサギさん、キツネくん、リスさん、イヌくんの５人で公園にピクニックに行くことにしました。公園に向かって歩いていくと、（雀の鳴き声の音）何かが鳴いています。公園に着くと、今度は木の上から（セミの鳴き声の音）大きな鳴き声が聞こえてきました。キツネくんが「広い公園だね」と言いました。リスさんは「お花がきれいね」と言い、ウサギさんは「緑の芝生がきれいね」と言いました。キツネくんが「広いから、鬼ごっこができそうだね」と言うと、イヌくんは逆立ちをしながら「そうだね」と言いました。
しばらく遊んでいると、でんぐり返しをしたクマくんが空を指さして、「みんな、あれを見てよ。わたあめみたいだね」と言いました。それを聞いたみんなは、なんだかお腹が空いてきました。
ちょうどそこに、イヌくんのお母さんがやってきて、「おやつの時間よ。うちでおやつを食べなさい」と声をかけました。５人はイヌくんの家に行き、おやつをもらいました。テーブルの上には丸いお皿が５枚あり、それぞれのお皿にはキャンディ３個とクッキー４個が乗っていました。「いただきます」とみんなは声を揃えて言ってから、おやつをおいしくたべました。楽しいピクニックです。

（問題19の絵を渡す）
①公園で「緑の芝生がきれい」と言ったのは誰ですか。選んで○をつけてください。
②公園に行く途中で聞こえてきたのは何の鳴き声ですか。選んで○をつけてください。
③クマくんが「わたあめみたい」と言ったのは何のことですか。選んで○をつけてください。
④５人が食べたおやつのお皿はどれですか。選んで○をつけてください。

〈時間〉　各15秒

〈解答〉　①右から２番目（ウサギ）　②真ん中（スズメ）　③右から２番目（雲）
④左端

［2021年度出題］

学習のポイント

当校のお話の記憶では、400～700字程度の短めのお話が扱われています。また、内容もそれほど難しいものではなく、身近な経験や生活場面から設定や題材が取り上げられています。例年はマナーに関する設問がありますが、今回はその出題がなく、自然に関する知識の問題が出されました。コロナウイルスの影響で外遊びやさまざまな活動も制限される日々の中、身の周りの自然の姿に興味を持ち、虫の声や鳥のさえずり、空の様子の移り変わり、草花の季節ごとの姿に心を寄せることができているかどうか。単なる知識や常識としてではなく、子どもらしい健やかな情緒の発達を、人や社会だけでなく自然も含む身の周りのものごとを通して測ろうとするものです。外遊びや散歩のときに、いっしょに生きものや天気など自然の様子を観察し、説明だけでなく感じた気持ちを言葉で表現することが大切です。物語の場面の中の状況と比喩から、指し示すものを推理する力も見られていますから、頭の中で物語を映像的に思い描きながらお話を聞くトレーニングを積み重ねましょう。

【おすすめ問題集】

1話5分の読み聞かせお話集①・②、お話の記憶 初級編・中級編・上級編、
Ｊｒ・ウォッチャー19「お話の記憶」、34「季節」

問題20　分野：巧緻性（模写）

〈準備〉　サインペン（赤）

〈問題〉　左の絵と同じように、右の四角に描いてください。「●」のところから描き始めてください。

〈時間〉　1分

〈解答〉　省略

［2021年度出題］

学習のポイント

当校では巧緻性の問題は毎年出題されます。2021年度も2020年度に引き続き、模写の問題が出題されました。しっかりペンを持って、自分の思うように動かし、正確に見たものを再現できるか、慌てずに落ち着いて作業しましょう。「見たもののまねをして書く」というのは、お子さまにとってはお絵かき遊びの一種であると同時に、大切な学習の基盤になります。文字を見て正しく書く、地図を書き写す、黒板に書かれたものをノートに書き写すなど、学校生活で必要な能力の基礎になる部分を測る問題ですが、言い換えれば年齢相応のことができるかどうかを観られているということです。また、指示を最後までよく聞いてから作業に取りかかることが大切です。相手の話を終わりまできちんと聞くことと、指示された内容を理解して実行することができるよう、落ち着きを持って取り組みましょう。手際よく手早くできることと、慌てて急ぐことは違うのです。よく見てしっかり一度で書けるように練習しましょう。

【おすすめ問題集】

Ｊｒ・ウォッチャー51「運筆①」、52「運筆②」

問題21　分野：図形（構成）

〈準備〉　問題21-1の絵の三角形に指定された色を塗っておく。問題21-2の絵の三角形に指定された色を塗って、ハサミで切り取る。
※実際に出題されるのはどちらか1問なので、2色の色板6枚のセットを1組、机の上に置いておく。

〈問題〉　（問題21-1の絵をお手本として見せる）
三角形の色板を使ってお手本と同じ形を作ってください。

〈時間〉　20秒

〈解答〉　省略

[2021年度出題]

学習のポイント

以前は頻出だった、色板タイルを使ったパズルの問題です。お手本通りにタイルを並べますが、解答時間が非常に短いため、何度も並べ替える時間はありません。パッと見て図形の構成を理解し、色板を素早く思ったように並べる作業ができる必要があります。しかし、お手本の図形は色数も少なく形も簡単ですから、繰り返し練習すれば手早くできるようになります。色板は使う枚数より多く用意されていることがほとんどですから、色と枚数を素早く判断して必要なだけ先に取り出すことが時間短縮のカギになります。それからお手本に合わせて並べる、という手順で取り組むとよいでしょう。市販の色板タイルを使ったパズルで遊ぶのも、楽しく練習できる方法です。

【おすすめ問題集】
Ｊｒ・ウォッチャー３「パズル」、９「合成」、54「図形の構成」

問題22　分野：指示行動（巧緻性）

〈準備〉　Ａ４サイズの白の画用紙１枚、Ａ４サイズの青のクリアファイル１枚、黒い画用紙１枚。お手本として、問題の指示に従って１つ作っておく。

〈問題〉　**この問題の絵はありません。**
白の画用紙を横に折り、次に縦に折ります。できたら、それをクリアファイルに入れてください。それから、そのクリアファイルを、黒い画用紙の上に置いてください。

〈時間〉　１分

〈解答〉　省略

[2021年度出題]

学習のポイント

この指示行動の問題は、過去によく出題されていた問題でした。どのように折るか、一度しか指示はされません。よく聞いて理解し、覚えましょう。お手本は見ることができるので、何をどのようにするのか理解する手がかりになります。また、ファイルの方が折りたたんだ紙よりもだいぶ大きいので、きちんと奥まで入れないと、ファイルを持ち上げたときに紙が落ちてしまうことがあります。「紙をまとめる」というファイルの働きを考えると、折った紙を中に入れればよいのではなく、紙は長方形になるように角と角を合わせてていねいに折りたたみ、ファイルの角に合わせて紙を差し込むことが大切です。最後の指示まで忘れずに、しっかりやりとげられるよう、よく練習しましょう。

【おすすめ問題集】
Ｊｒ・ウォッチャー25「生活巧緻性」、実践 ゆびさきトレーニング①②③

問題23　分野：運動

※問題23・24は続けて行う。

〈準備〉 15人程度で行う。５人ずつのグループに分かれ、それぞれグループごとに黄色・ピンク・青の帽子をかぶる。

〈問題〉 **この問題の絵はありません。**
私（出題者）が今からすることをよく見て、「はい」と言ったらその真似をしましょう。お友達を見てまねをしてはいけません。

①「モリモリ」両腕を上にあげ、両手をこぶしにして力こぶを作るポーズを２回する。
②「パッパ」両手を上に上げたまま、パーを２回する。
③「グーパー」「グー」で両足を閉じて、「パー」で両足を肩幅程度に開く。
④「パー」両足を肩幅程度に開く。
①→②→①→②→③→③→③→④を１セット。
掛け声はリズミカルに「モリモリ、パッパ、モリモリ、パッパ、グーパー、グーパー、グーパー、パー」。

〈時間〉 約３分

〈解答〉 省略

［2021年度出題］

学習のポイント

以前まで頻出となっていた、何らかの形で先生の真似をして体を動かす模倣運動の問題です。この問題は、実際に模倣運動をする前の準備もテストの一部です。指示を理解して速やかにグループに分かれる行動に移れるか、帽子をかぶるなどの基本的な生活動作ができるか、相手の顔を見てきちんと話が聞けるか、といった、集団生活に必要な年齢相応の基礎が身に付いているかどうかを観ています。模倣運動はそれほど難しいものではなく、日々の遊びの中でも練習になる単純で楽しいものが選ばれています。あまり緊張せず、かといってだらけないように、真面目に話を聞いて真剣に取り組むことが大切です。

【おすすめ問題集】
新運動テスト問題集、Ｊｒ・ウォッチャー28「運動」

問題24　分野：行動観察

〈準備〉　15人程度で行う。薄い木製の板状のブロック200枚を、青いビニールシートの上に出しておく。

〈問題〉　**この問題の絵はありません。**
（15人のグループになる）
グループのみんなで協力して、板状のブロックで街を作ってください。

〈時間〉　約15分

〈解答〉　省略

［2021年度出題］

学習のポイント

今回の問題は、問題23の運動の後、試験会場の後ろの方に用意された青い敷物の上で行われました。はじめて会うお子さまばかりの場面に物おじしないか、積極的に意見を出したり、相手の話をよく聞いたりしながら、協力して課題に取り組めるか、年齢相応の協調性が求められます。コロナ禍でなかなか機会を作りにくいかもしれませんが、公園などで初対面のお子さまたちといっしょに遊ぶ経験を何度かしておくとよいでしょう。子ども同士ではさまざまなことが起こりますが、保護者の方は危なくない限りなるべく介入せずに、子ども同士で解決するように見守ることが大切です。自分の思い通りにならなかったときに、どのようにすればよいのか、お子さまが自分自身で考えるきっかけになるからです。もちろん、お子さまが間違った行動をとったときは、きちんと指導しましょう。それから、「上履きを脱いで敷物の上に上がる」という基本的な生活動作が身に付いていることも大切です。その動作だけを練習するのではなく、その場に合った適切な行動としてその動作を選択できるかどうか、場に応じた年齢相応の判断力や生活習慣が評価されるところです。真面目に取り組むことが大切です。

【おすすめ問題集】
Ｊｒ・ウォッチャー29「行動観察」

問題25　分野：口頭試問

※問題25・26・27は続けて行う。

〈準備〉　なし

〈問題〉　**この問題の絵はありません。**
これからいろいろ質問をしますから、答えてください。
①お名前とお誕生日を教えてください。
②幼稚園の名前は何と言いますか。
③好きな食べものは何ですか。
④あなたのお家の人が、あなたのおやつを食べてしまいました。あなたはその人に、どんなことを言いますか。

〈時間〉　適宜

〈解答〉　省略

［2021年度出題］

学習のポイント

問題24の行動観察の間に、試験官に呼ばれて問題25～問題27の口頭試問を受ける形式で行われました。試験官は３人いて、敷物を囲むように１人ずつ席があり、そこに１人ずつ呼ばれます。問題25では、自己紹介を兼ねてマナーや年齢相応の対人スキルがあるかどうかを観ています。名前やお誕生日、自分の好きな食べものなど、はっきりと答えられれば大丈夫です。また、「お家の人が自分の大好きなおやつを食べてしまった」といった、身近な人に自分の嫌なこと、してほしくないことをされたときに、そのことを伝える年齢相応の言葉を持っているかどうか、適切な自己主張ができるかどうかも、健やかな成長のしるしの１つだと当校が考えているということでしょう。学校生活の中でしばしば起きる子ども同士のもめごとだけでなく、自分を守れる能力として、自分だったらどうするか、お子さまと話し合ってみましょう。

【おすすめ問題集】

新口頭試問・個別テスト問題集、面接テスト問題集

問題26　分野：口頭試問（巧緻性）

〈準　備〉　サインペン（赤）。問題26－１の図の形を覚えておく。出題者は同じ形を、一筆書きで問題26－２の上で志願者になぞってみせる。

〈問　題〉　（出題者と志願者は机をはさんで向かい合わせに座る。問題26－２は出題者が持ち、問題26－３を本人の前に置く）
これから私（出題者）が、この紙の上の点を指でなぞります。それをよく見ていてください。私が「はい」と言ったら、私がなぞったとおりに、あなたの目の前の紙にこのペンで書いてください。

〈時　間〉　15秒

〈解　答〉　省略

［2021年度出題］

学習のポイント

この問題のカギは、「試験官が志願者に示すお手本は、ペンではなく指で点をなぞるだけ」というところにあります。指でなぞるということは、つまり紙の上には何も残らないということです。どの点から始めるのか、どの点と点をどの向きに結ぶのか、終わりはどの点か、動きとその跡にできる図形をしっかり見て覚えましょう。出来上がりの形が同じであるだけではいけません。運筆の正確さだけでなく、動きを覚えて真似る模倣の能力も測るテストです。この種の問題は、遊びの１つとして楽しく練習し、テストとして取り組むときは時間を計って真剣に解答する、メリハリのある学習が効果的です。

【おすすめ問題集】

Ｊｒ・ウォッチャー１「点・線図形」、51「運筆①」、52「運筆②」

問題27　分野：口頭試問

〈準 備〉　なし

〈問 題〉　（問題27の絵を見せる）
①どこで何をしている絵ですか。できるだけたくさんの子のことを説明してください。
②この中で、いけないことをしている子はどの子ですか。
③その子はどんなことをしていますか。
④追いかけられている子はどんな気持ちだと思いますか。教えてください。

〈時 間〉　適宜

〈解 答〉　省略

［2021年度出題］

学習のポイント

毎年何らかの形で必ず出題される「人の気持ちを想像することができるかどうか」を見る問題です。絵に描かれた場面が「いつ・どこで・誰が・何をしている」ところか、言葉で説明する質問は、状況を理解できているかどうかを確認する簡単なものです。その上で「人に迷惑をかけてはいけない」「人の嫌がることをしてはいけない」といったことがわかるかどうか、その理由を自分の言葉で説明できるかどうか、集団生活をする上で身に付いていなくてはならないマナーを尋ねています。口頭試問や行動観察は、年齢相応の振る舞いができればよいのですから、あまり緊張せずにいつもどおりに受け答えすればさほど心配はいらないものと思われます。

【おすすめ問題集】
新口頭試問・個別テスト問題集、Ｊｒ・ウォッチャー56「マナーとルール」、
口頭試問最強マニュアル「生活体験編」

問題28　分野：お話の記憶

〈準備〉　サインペン（赤）

〈問題〉　お話をよく聞いて、後の質問に答えてください。

今日はクマくん、ウサギさん、キツネくん、リスさんたちが海に行く日です。「いい天気になってよかったね」とクマくんが言ったとおり、雲一つないよいお天気です。「暑いと思って、うちわを持ってきたわ」とウサギさんが言うので、キツネくんは「僕も持ってくればよかったな」と思いました。お話をしていると赤い電車がやってきました。電車に乗ると、リスさんが「誰もいないね！」と言ったように、４人以外は誰もこの車両にいませんでした。クマくんが「誰もいないなら、大きな声出せるね」と言うと、ウサギさんは「違う車両から人が来るかもしれないし、座席に座ろうよ」と言いました。「でもせっかくだし、ジャンプして遊ぼうよ」とキツネくんが言うと、リスさんは「とりあえずみんなでお菓子食べない？」と言いました。まもなくすると電車が海から１番近い駅に着きました。みんなは電車を降りて、海へ行きました。さあ、海水浴です。みんなは海へ入りましたが、リスさんだけはなかなか海へ入ろうとしません。キツネくんが「どうしたの？」と聞くと「実はわたし泳げないの」と言いました。「じゃあこのドーナツみたいなの貸してあげるよ」とクマくんが渡してくれたので、リスさんも海へ入ることができました。「それにしても、ドーナツみたいなものって、本当クマくんは食いしん坊なのね」とウサギさんが言ったので、みんな大笑いしました。そうこうしていると、もう帰る時間になりました。たくさん遊んだのでみんなは疲れました。キツネくんが「駅までバスに乗らない？」と言ったので、そうすることに決めました。バス停でバスを待っていると、次に来るバスがみんなの家の近くまで走るそうです。「そうしたら、帰りはバスで帰りましょう」とウサギさんが言ったので、バスで帰りました。

（問題28の絵を渡す）
①電車に乗ったとき、正しいことを言ったのは誰ですか。選んで○をつけてください。
②お話の中で言っていた「ドーナツみたいなもの」とは何ですか。選んで○をつけてください。
③４人は何に乗って帰りましたか。選んで○をつけてください。
④海に棲んでいる生きものに、選んで○をつけてください。

〈時間〉　各15秒

〈解答〉　①左から２番目（ウサギ）　②右端（浮き輪）　③左から２番目（バス）
④右端（カニ）

［2020年度出題］

学習のポイント

このお話の記憶の問題で扱われているお話は700字程度と小学校受験では短いものです。しかしただ短いだけではなく、登場人物のセリフから正しいものを選ぶという設問があります。この設問こそが当校のお話の記憶の特徴です。お話の中でしっかりとセリフを聞き取ることが大切になってきます。短くても集中してお話を聞くようにしましょう。セリフは例年、マナーに関することが出題されているので、お子さまが問題を解けなかった場合、人の話が聞けない、マナーについての理解が乏しいという印象を与えるかもしれません。保護者の方はお子さまのマナーの見本となるように日常生活を意識して過ごしてみましょう。当校の特徴を掴むためには、過去問題を繰り返し行ってください。そうすれば、登場人物のセリフにそれぞれ違う考え方があることに気付き、ここが出題される可能性が高いということがわかるようになってきます。

【おすすめ問題集】

1話5分の読み聞かせお話集①・②、お話の記憶 初級編・中級編・上級編、
Ｊｒ・ウォッチャー19「お話の記憶」、34「季節」、56「マナーとルール」

問題29 分野：巧緻性（模写）

〈準備〉 サインペン（赤）

〈問題〉 左の絵と同じように、右の四角に描いてください。「●」のところから描き始めてください。

〈時間〉 1分

〈解答〉 省略

［2020年度出題］

学習のポイント

当校では巧緻性の問題は例年出題されています。ただ、2019年度までは線に当たらないように2本線の間をなぞる問題が出題されていましたが、2020年度は、模写へと変更になりました。作業内容は変わりましたが、運筆・模写は必修分野と言えるでしょう。筆記用具がサインペンのため、使い慣れていないと力んでしまい解答用紙がにじんでしまったり、書く力が弱く、かすんでしまうということがあるでしょう。ふだんの学習において、注意をしながら取り組んでください。また、今回はスマイルを描く問題で、描きはじめを指定されています。その指示を聞いていないと、自分の描きやすいところから描きはじめるミスをします。保護者の方は絵の出来映えばかりを気にするのではなく、このような小さな指示を守れているかも注意して見てください。

【おすすめ問題集】

Ｊｒ・ウォッチャー51「運筆①」、52「運筆②」

問題30　分野：図形（構成）

〈準 備〉　問題30－２の絵に指定の色を塗っておく。問題30－１の絵を線に沿って切り抜き、４枚の片面を赤色、反対側の面を黄色、残りの４枚の片面を青色、反対側の面を緑色で塗っておく。

〈問 題〉　（問題30－２のイラストをお手本として見せる）
三角形の色板を使ってお手本と同じ形を作ってください。

〈時 間〉　20秒

〈解 答〉　省略

［2020年度出題］

学習のポイント

当校では、形を組み合わせるパズルの問題が頻出となっています。見本通りに形を組み合わせるだけでなく、色の指定もありますが、１つひとつ丁寧に取り組んでいけば難しくない問題です。しかし解答時間が20秒しかないので、じっくり取り組んでいる時間はありません。見本を見たときにすぐ「この形とこの形の組み合わせ」とわかるひらめきが必要です。このひらめきを得るためには、日頃の学習でタングラムなど市販の図形パズルを使って形を動かす経験をしておきましょう。ペーパーで学習するよりは、実際に実物を使う方が理解は深まります。お子さまの経験量が増えれば、一目見ただけで形の組み合わせをイメージできる力がついてきます。

【おすすめ問題集】
Ｊｒ・ウォッチャー３「パズル」、９「合成」、54「図形の構成」

問題31　分野：指示行動（巧緻性）

〈準 備〉　Ｂ５サイズの青い画用紙１枚、
Ｂ７（Ｂ５の４分の１）サイズのクリアファイル１枚、
Ｂ６（Ｂ５の半分）サイズの白い画用紙１枚

〈問 題〉　**この問題の絵はありません。**
青い画用紙を半分に折って、それをさらに半分に折ります（四つ折り）。できたら、それをクリアファイルの中に入れてください。最後にクリアファイルを白い画用紙の中央に置いてください。終わったら両手を膝に置いて静かに待っていてください。

〈時 間〉　１分

〈解 答〉　省略

［2020年度出題］

学習のポイント

例年出題されている生活巧緻性の問題です。お手本を見ることはできますが、説明は１度しかされません。集中して説明を聞き、指示を理解しましょう。クリアファイルは青色の画用紙を四つ折りにした大きさと同じです。そのため画用紙がきちんと折りたためていないと、端がバラバラで、クリアファイルからはみ出してしまいます。簡単な作業だからこそ、丁寧に作業することが大切になってきます。青色の画用紙を入れたファイルを白い画用紙の真ん中に置くという指示が最後にあります。最後の作業になると、どうしても集中力が切れてしまい、雑になってしまうお子さまも多いです。入試ではこのような小さなことが結果に悪影響を及ぼすこともあるので、最後まで集中して取り組めるようにしましょう。

【おすすめ問題集】
Ｊｒ・ウォッチャー25「生活巧緻性」、実践 ゆびさきトレーニング①②③

問題32　分野：運動

〈準備〉　マット

〈問題〉　**この問題の絵はありません。**

私（出題者）が今からすることをよく見て、「ハイ」と言ったら、同じことをしてください。（下記を参考にお手本の動作を行う）

①両手を前に出して、グー、パーと手を握って開くのを繰り返しましょう。
②そのまま両手を上にして、今度は頭の上でグー、パーを２回繰り返しましょう。
③次に、両手を曲げて、胸のところに持ってきてください。その場で右足でケンケンします。そのとき、１回のケンごとにグー・パーと手を動かしてください。終わったら、反対の足もやってください。
④③の動作をもう一度行ってください。次は１回目より早くやってみましょう。「ハイ」

〈時間〉　適宜

〈解答〉　省略

［2020年度出題］

学習のポイント

先生の手本に合わせて体を動かす摸倣体操の課題は、毎年少しずつ内容を変えて出題されています。とはいえ、大きな変化は見られないので、過去問題を解くなどで対策が取れるでしょう。年齢相応の運動能力があれば難しい課題ではありません。ただ、ここでの観点は出来のよし悪しではなく、「指示を聞いているか」「指示通り行っているか」「真面目に取り組んでいるか」「元気よく行っているか」といった、学校での集団生活を行うにあたって、必要なことが観られていると考えてよいでしょう。学校生活を送る中で、指示を正しく理解し、行動に移すことは基本です。そのため、試験の時点でこの基本が身に付いていなければ、学校が求める子ども像から離れているという評価がされるでしょう。

【おすすめ問題集】
新運動テスト問題集、Ｊｒ・ウォッチャー28「運動」

問題33　分野：行動観察

〈準備〉　パターンブロック、マット。15人程度で行う。３～５人のグループに分かれ、それぞれグループごとに黄・青・赤の帽子をかぶる。

〈問題〉　**この問題の絵はありません。**
グループのみんなで協力して、ブロックをなるべく高く積んでください。１番高く積めたグループが優勝です。「やめ」と言ったら積むのをやめ、ブロックを片付けましょう。

〈時間〉　約10分

〈解答〉　省略

［2020年度出題］

学習のポイント

３～５人のグループで、ブロックを高く積み上げる課題です。グループの中でお子さまがどのように振る舞うかが観られています。例えば、「はじめて会うお友達ときちんと話し合って進めているか」「積極的に意見を出しているか」「他のお友だちの意見に耳を傾けているか」「協力しながら課題に取り組むことができているか」といったところです。これらの観点で共通しているのは協調性です。協調性を育むためには保護者の方は公園などへ行き、知らないお友だちと仲よくするという機会をお子さまに与えてください。そこではさまざまな出来事が起きると思いますが、保護者の方が介入せずに、子ども同士で解決できるように見守りましょう。お子さまが自分の思い通りにいかなかったとき、どうすればよいのか、考えるきっかけになるからです。ただ、そのときにお子さまが間違ったことをするのであれば、きちんと指導しましょう。

【おすすめ問題集】
Ｊｒ・ウォッチャー29「行動観察」

問題34　分野：口頭試問

※問題34と問題35は続けて行う。

〈準備〉　なし

〈問題〉　**この問題の絵はありません。**
これからいろいろ質問をしますから、答えてください。

①お名前とお誕生日を教えてください。
②今日はこの学校まで、誰と来ましたか。
③今日の朝ごはんは何でしたか。
④いつも朝ごはんの前には何をしますか。

〈時間〉　適宜

〈解答〉　省略

［2020年度出題］

学習のポイント

この課題は行動観察（問題33）と並行して行われ、お子さまは個別に呼ばれます。お子さまの順番になったら、ゼッケンの番号で呼ばれるので、自分が何番なのかをしっかり覚えておかないといけません。呼ばれた後は別室に入り、先生から質問を受けます。さっきまでブロック積みを行っていたお子さまにとって、気持ちを切り替えて答えるのは難しいことかもしれませんが、質問内容自体はそれほど難しいものではありません。ここで観られているのは、お子さまが自分自身のことを自分の言葉で言えるかどうかと、ご家庭の状況などでしょう。ご家庭の状況というのは、お子さまの答えから推測できる、ふだんの生活環境のことです。例えば、③のお子さまの答えが「朝ごはんは食べません」だとすると、朝ごはんを作らない家庭と評価されてしまいます。

【おすすめ問題集】
新口頭試問・個別テスト問題集、面接テスト問題集

問題35　分野：口頭試問

〈準備〉　なし

〈問題〉　（問題35の絵を見せる）
①あなたが遊んでいた積み木をきれいに片付けたら、おうちの人はどんな顔をすると思いますか。この表情だと思うものを指でさしてください。
②１番右端の絵を見てください。あなたはこの表情をしたことがありますか。もし、ある（ない）ならば、どうしてですか。お話ください。

〈時間〉　適宜

〈解答〉　省略

［2020年度出題］

学習のポイント

この課題は問題34に引き続いて行われました。特にこれといった対策はありません。お子さまがどう思ったかを答えられればよいでしょう。①の問題は、きれいに片付けたらお家の方が喜ぶでしょうから、「うれしい表情」をしている絵に指をさせれば問題はありません。万一、そのときにお子さまが違う表情を指したとしても、ちゃんとした理由を言えれば問題はありません。ただ、指でさすときは「これです」と言葉でも伝えましょう。②の問題も、考え方は同様です。この年頃のお子さまで、怒った表情をしたことがないというのは考えにくいですが、もしもそう答えたのであれば、それなりの理由をお子さま自身の言葉できちんと言えるようにしておきましょう。

【おすすめ問題集】
新口頭試問・個別テスト問題集、Ｊｒ・ウォッチャー56「マナーとルール」

問題36　分野：アンケート

〈準備〉　筆記用具

〈問題〉　**この問題の絵はありません。**

（アンケート用紙はＡ４サイズで、志願者の考査中に実施される）
※問題１～６までは選択式で、〇をつける

１．ご両親はお子さまの遊びに付き合う方ですか。
①いつもいっしょにあそぶ
②時々いっしょに遊び、話はよく聞く
③仕事や用務の状況による
④もう少しいっしょに遊んだり、話したりしたい
⑤専門家にまかせて活動させている

２．お子さまには小学校でどのように学んで欲しいですか。
①まんべんなくすべての学力を養ってほしい
②得意分野を伸ばしてほしい
③好きなことを深めるタイプになってほしい
④誰とでもやり合える闊達さを養ってほしい
⑤子どもがやりたいようにやってほしい

３．お子さまはどのように遊ぶタイプだと感じられますか。
①自分で独自な工夫をしている
②１人でよく何かに没頭している
③数人のお友だちとよく行動している
④お友だちの中でも、リーダーシップを発揮している
⑤大勢でよく遊んでいる

４．健康や発達状態をのぞいて、お子さまのことで心配なことはありますか。
①いつも親として心配はしている
②少し気になることがある
③まれにふと気づいて気になる
④あまり心配していない
⑤あるがままでよい

５．子育てについて相談できる相手を教えてください。
①家族
②友人
③幼稚園や幼児教室の先生
④ソーシャルネットワークサービスなどのネット関係
⑤その他

６．子どもは保護者や先生に、事実でないことやうそを言うことがあります。
そのときどう対応しますか。
①うそは言わないように指導する
②うそはよい結果を生まないことを理解させる
③事実ではない可能性をわきまえて子どもの話を聞く
④自分の子どもの言葉をまずは信じる
⑤疑問のある話は参考にしない

※７は記述式、字数制限がない
７．小学校の先生に期待されること、期待するスキルや避けてほしいことなどを自由に書いてください。

〈時間〉　20分

〈解答〉　省略

［2020年度出題］

学習のポイント

当校のアンケートはお子さまの考査中の20分程の時間内で記入します。ただし、時間の都合で早めに回収が始まることもあったようなので、15分程度で記入するようにした方がよいでしょう。2019年度までは記述式のみの解答でしたが、2022年度は選択式の問題も加えられました。そのため今までよりは時間に余裕を持って取り組めるでしょう。⑦の問題は字数制限がなく、書き足りなかった場合は裏面を使用してもよいそうです。しっかりと質問に沿った回答をすること、誤字脱字がないように注意しましょう。また、アンケートを記入する際、下書きを持参することを許されていたそうです。そのため、ご家庭での教育観など、ある程度まとめたものを持っていき、アンケートの内容に合わせて答えられるようにしましょう。

【おすすめ問題集】
新・小学校受験 願書・アンケート 文例集500

問題37 分野：巧緻性（運筆）

〈準 備〉 サインペン（赤）

〈問 題〉 線と線の間をはみ出さないように線を書いてください。始める場所は好きなところからで構いません。

〈時 間〉 1分

〈解 答〉 省略

［2019年度出題］

学習のポイント

運筆の問題です。図形の外周が帯になっていて、そこからはみ出さないように線を引くという課題ですが、ここでは主に、筆記用具が正しく使えているかをチェックしています。範囲内に線が収まっていればそれ以上に出来上がりを気にすることはありません。当校の入試では解答に水性のサインペンを使いますが、正しく握っていないと筆圧が強くなって滲んだり、滑らかに線が引けなくなります。それが疑われるような結果でなければよい、といった認識で保護者の方もお子さまの引いた線を見てください。正しい持ち方をしていなければ矯正するように指導し、正しい持ち方をしていても線がうまく引けていない場合は、筆の運び方を教えてください。なお、線の始点と終点を視界に入れてペン先を動かすようにすると、思い通りのものに近い線が引けるようになります。一度試してみてください。

【おすすめ問題集】
Ｊｒ・ウォッチャー51「運筆①」、52「運筆②」

問題38　分野：図形（構成）

〈準備〉　問題38－2の絵に指定の色を塗っておく。問題38－1の絵を線に沿って切り抜き、4枚の片面をオレンジ色、反対側の面を紫色、もう4枚の片面を青色、反対側の面を水色で塗っておく。

〈問題〉　（問題38－2のイラストをお手本として見せる）
三角形の色板を使ってお手本と同じ形を作ってください。

〈時間〉　20秒

〈解答〉　省略

［2019年度出題］

学習のポイント

図形を組み合わせるパズルです。以前は同じような出題が続いていました。解答時間が20秒と短いので、①図形の組み合わせ方を理解する、②パズルを並べるという作業を感覚的に行う必要があります。それほど複雑な図形パズルが出題されたことはありませんが、仕組みを理解していないと感覚的に作業は行えません。タングラムなど市販の図形パズルを何度か解いて、ピースの色、向き（形）、位置をすぐ認識できるようになっておきましょう。本来、こうした図形パズルの問題は、図形の特徴や性質を理解するために行うものです。例えば、同じ三角形を組み合わせて四角形を作るといったことは言葉ではなく、目で見て覚えた方が効率もよいからです。同じような出題が続いているからといって、この問題の「作業」を覚えても将来の学習で役立ちません。本質的なところも保護者の方は理解してから指導するようにしてください。

【おすすめ問題集】
Ｊｒ・ウォッチャー３「パズル」、９「合成」、54「図形の構成」

問題39　分野：口頭試問

〈準備〉　なし

〈問題〉　（問題39－1の絵を見せる）
①この絵を見てあなたはどのように思いますか。話してください。
（問題39－2の絵を見せる）
②この中でよくないことをしている人がいますか。指をさしてください。
③どのようなところがよくないのですか。話してください。

〈時間〉　適宜

〈解答〉　省略

［2019年度出題］

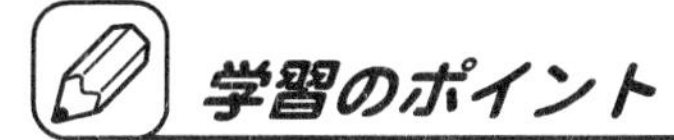

学習のポイント

マナーに関する課題は当校入試では例年出題されます。特に公共の場のマナーについての関心が高いようで、口頭試問の質問はよく公共の場でのマナーについて聞かれます。これは、他の国立小学校に比べれば学区が狭いとは言え、公立小学校よりは広く、入学すれば通学などで公共の場で行動する機会が多くなるという学校の特徴からでしょう。入試を受ける側にとっては、「合格したいのならば、公共の場でどのように振る舞えばよいかを知っておくべきだ」と言われているようなものです。しかし、「どのように振る舞うか」とは実は難しいことです。例えば、図書館なら静かに過ごさなくてはいけませんが、レストランでは迷惑にならない程度に話をしてもよい、と場所や状況によってマナーというのは変わるものだからです。保護者の方が場所や状況を気にかけておかないと、お子さまもしっかりとしたマナーを身に付けられないでしょう。

【おすすめ問題集】
新口頭試問・個別テスト問題集、Ｊｒ・ウォッチャー56「マナーとルール」

問題40　分野：口頭試問

〈準備〉　なし

〈問題〉　（問題40-１の絵を見せる）
①牛乳をこぼしてしまいました。あなたはどうしますか。
②男の子はどんな気持ちだと思いますか。答えてください。
（問題40-２の絵を見せる）
③この中でよくないことをしている人がいますか。
④それは、なぜよくないことなのですか。

〈時間〉　適宜

〈解答〉　省略

［2018年度出題］

学習のポイント

この問題の他にも、１人でいるお子さまの絵を見せて、登場人物の気持ちやお子さまの考えを聞く問題、図書館の絵を見せて何をする場所なのか、気をつけるべきマナーを問うなどが例年出題されています。いずれも、他人の気持ちを考えられるかどうかを観る、社会的常識と情操面の発達を観るための問題です。難しい質問ではありませんので、質問をよく聞いて、ハッキリと大きな声で答えるようにしましょう。行動観察や口頭試問は、年齢相応のコミュニケーションがとれるかどうかを見る問題としての位置付けで、小学校受験ではほとんどの学校で行われています。お子さまに指導するときも、保護者の方が「こう答えるのよ」と１つの考えを覚えさせるのではなく、何を聞かれているかを理解して答えさせるということを意識してください。

【おすすめ問題集】
新口頭試問・個別テスト問題集、Ｊｒ・ウォッチャー56「マナーとルール」

問題1

問題2

問題３

日本学習図書株式会社

問題7

問題9

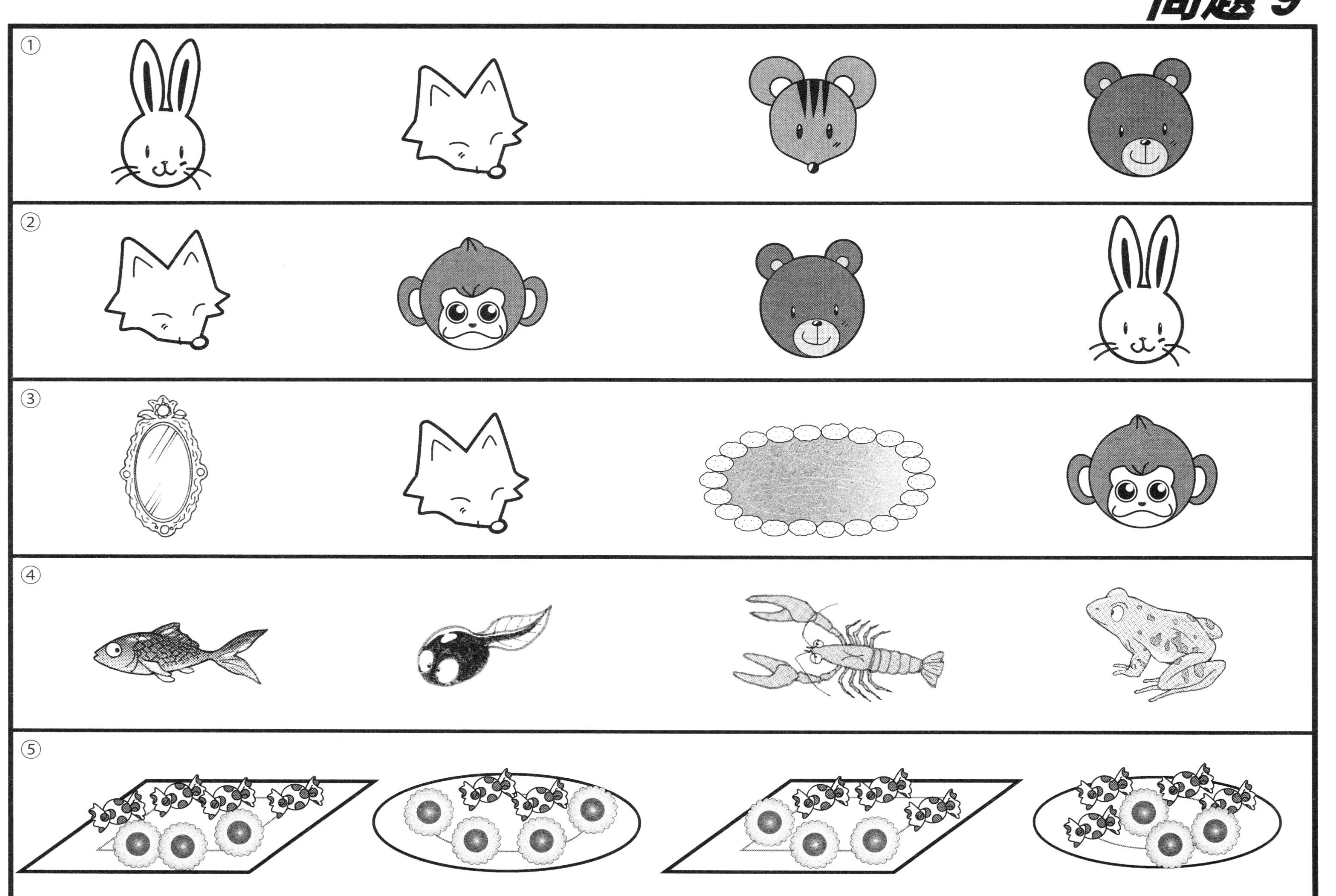

問題１０

問題１１

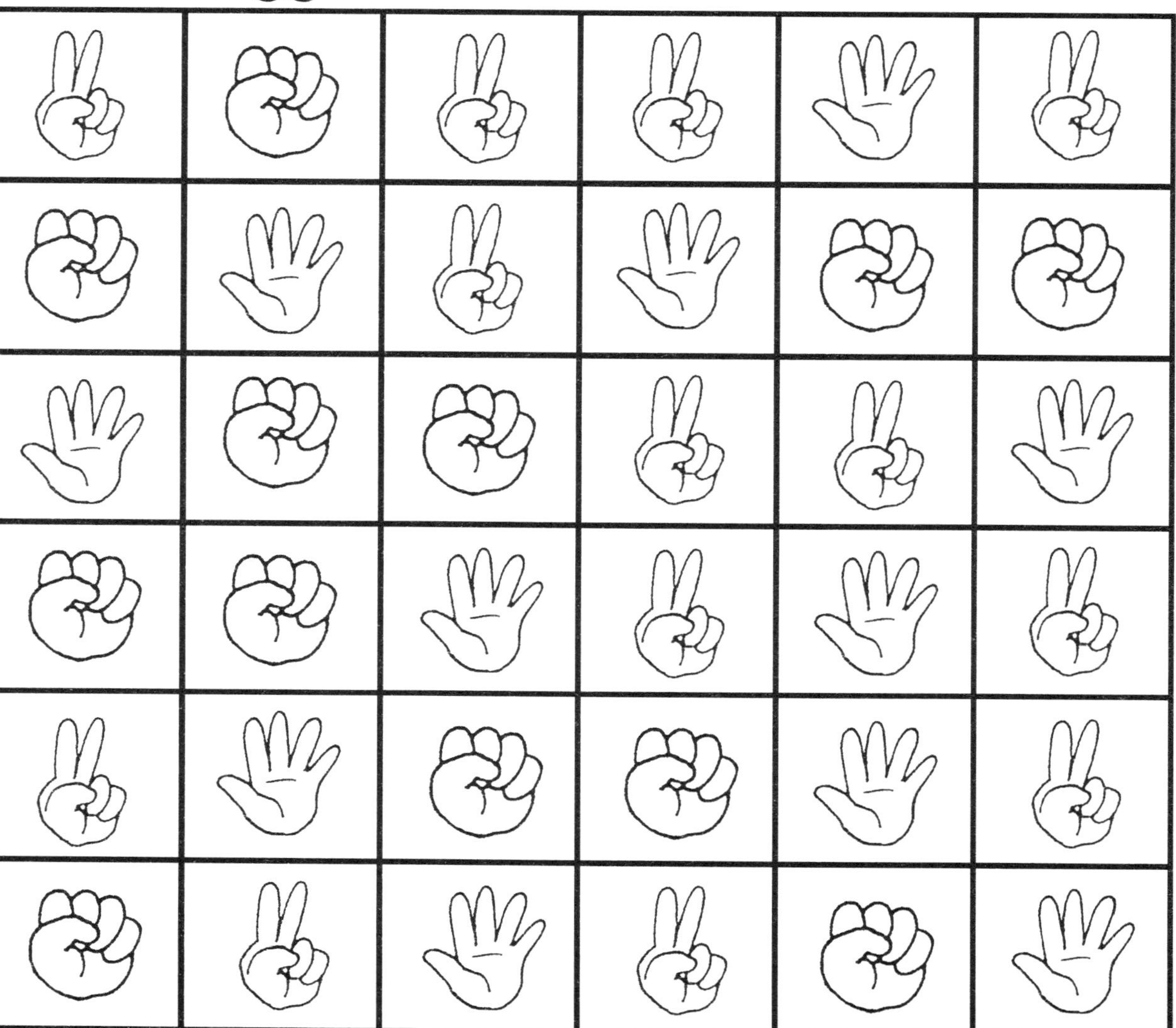

問題１６－１

問題１６－２

問題１９

日本学習図書株式会社

問題２０

問題２１－１

①

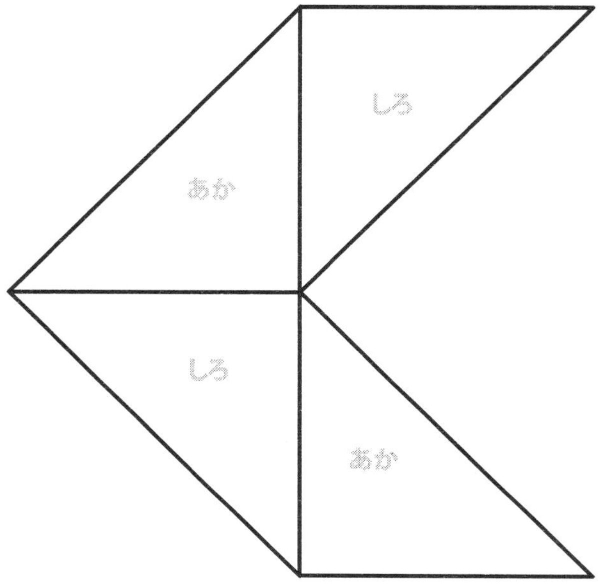

②

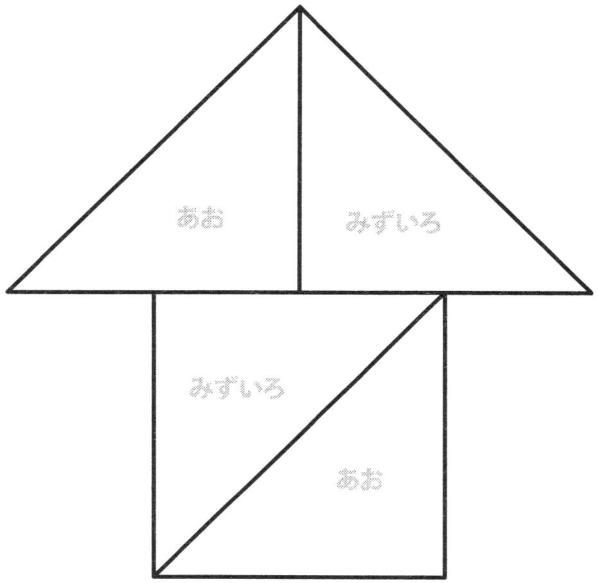

問題２１－２

①

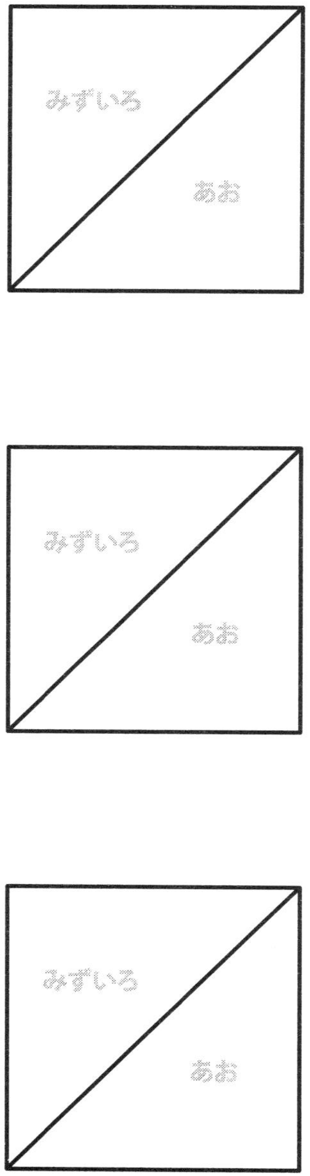

みずいろ
あお

みずいろ
あお

みずいろ
あお

②

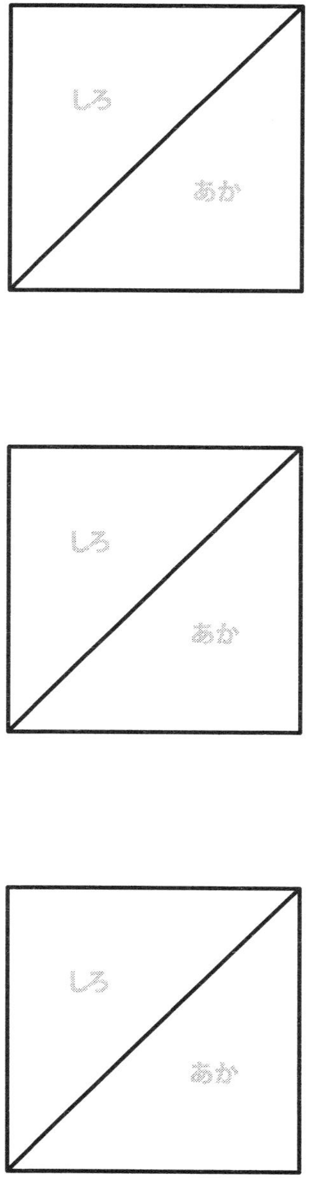

しろ
あか

しろ
あか

しろ
あか

問題２６－１

〈出題者用見本〉

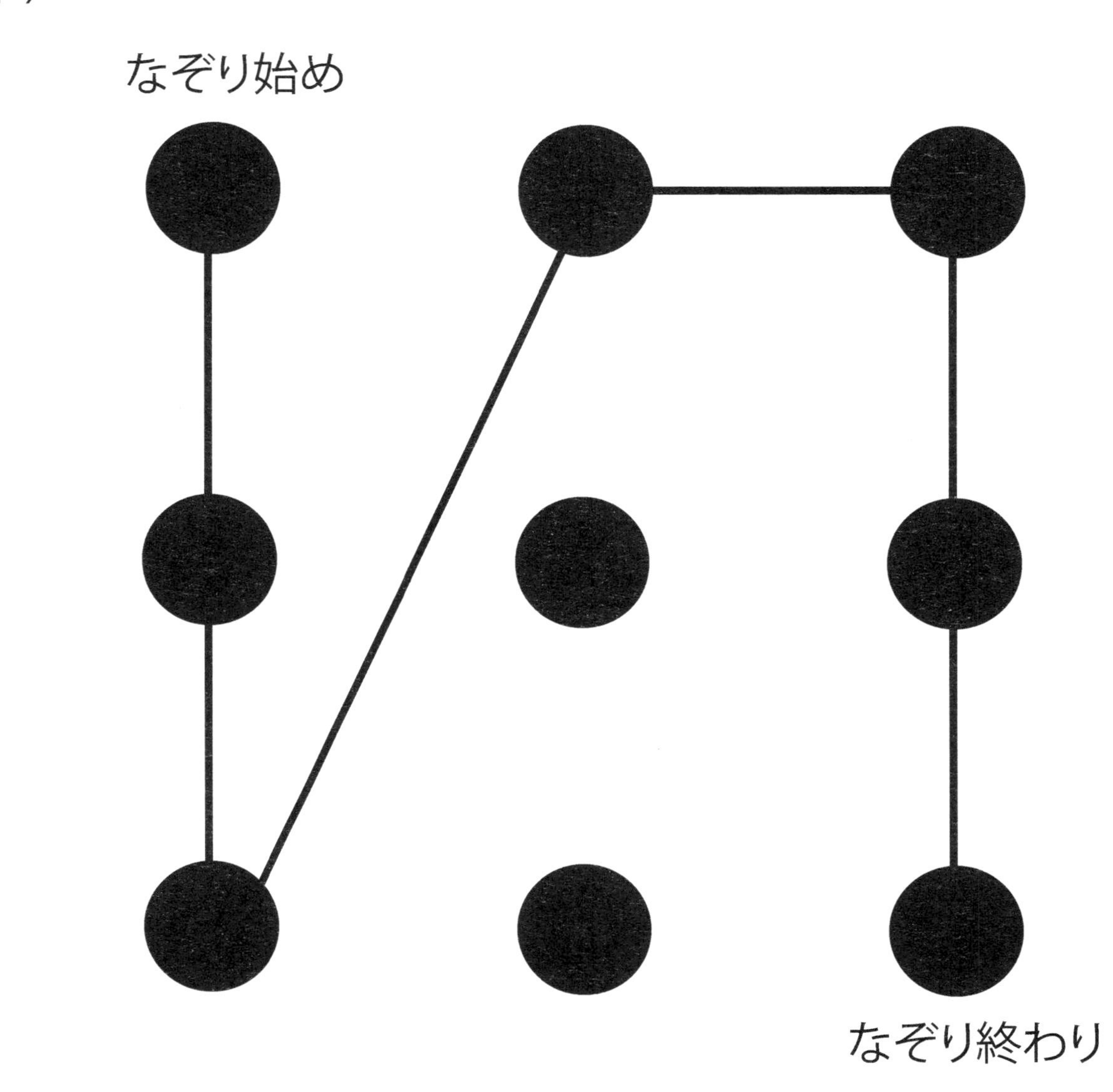

問題26－2

問題２６－３

問題２７

問題２８

①

②

③

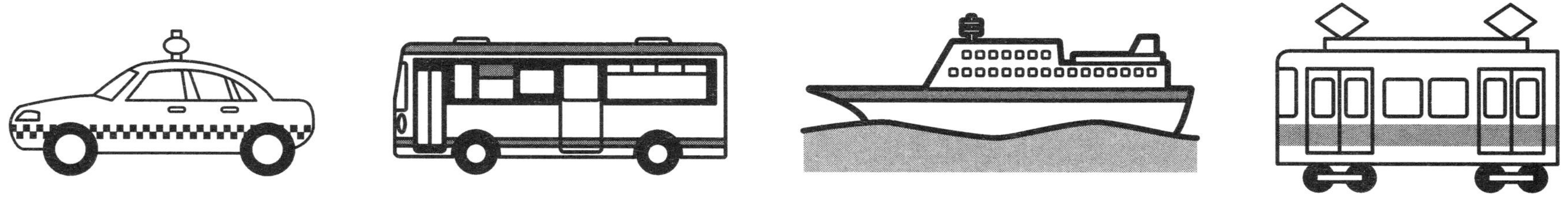

④

問題２９

問題30－1

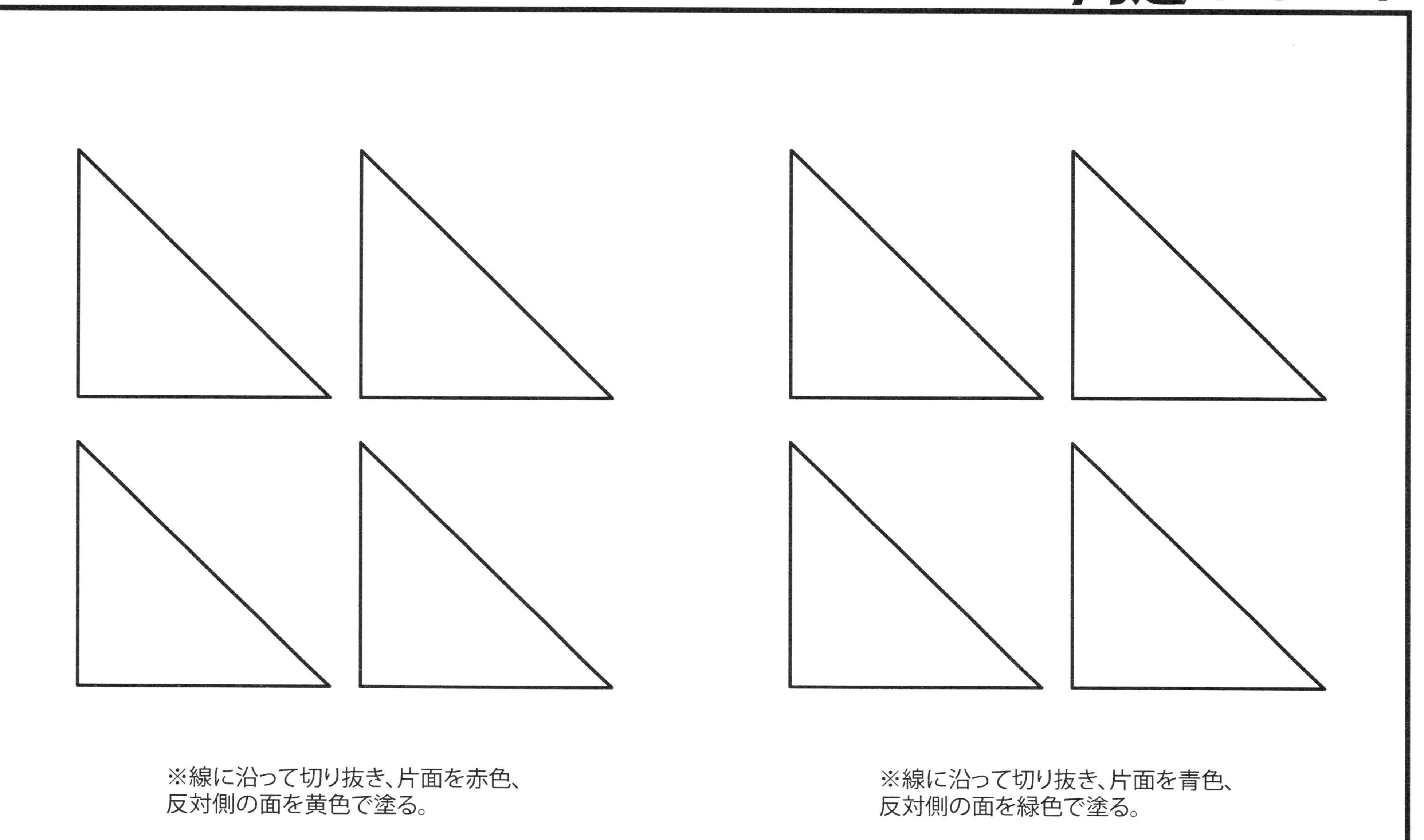
※線に沿って切り抜き、片面を赤色、
反対側の面を黄色で塗る。
※線に沿って切り抜き、片面を青色、
反対側の面を緑色で塗る。

問題３０－２

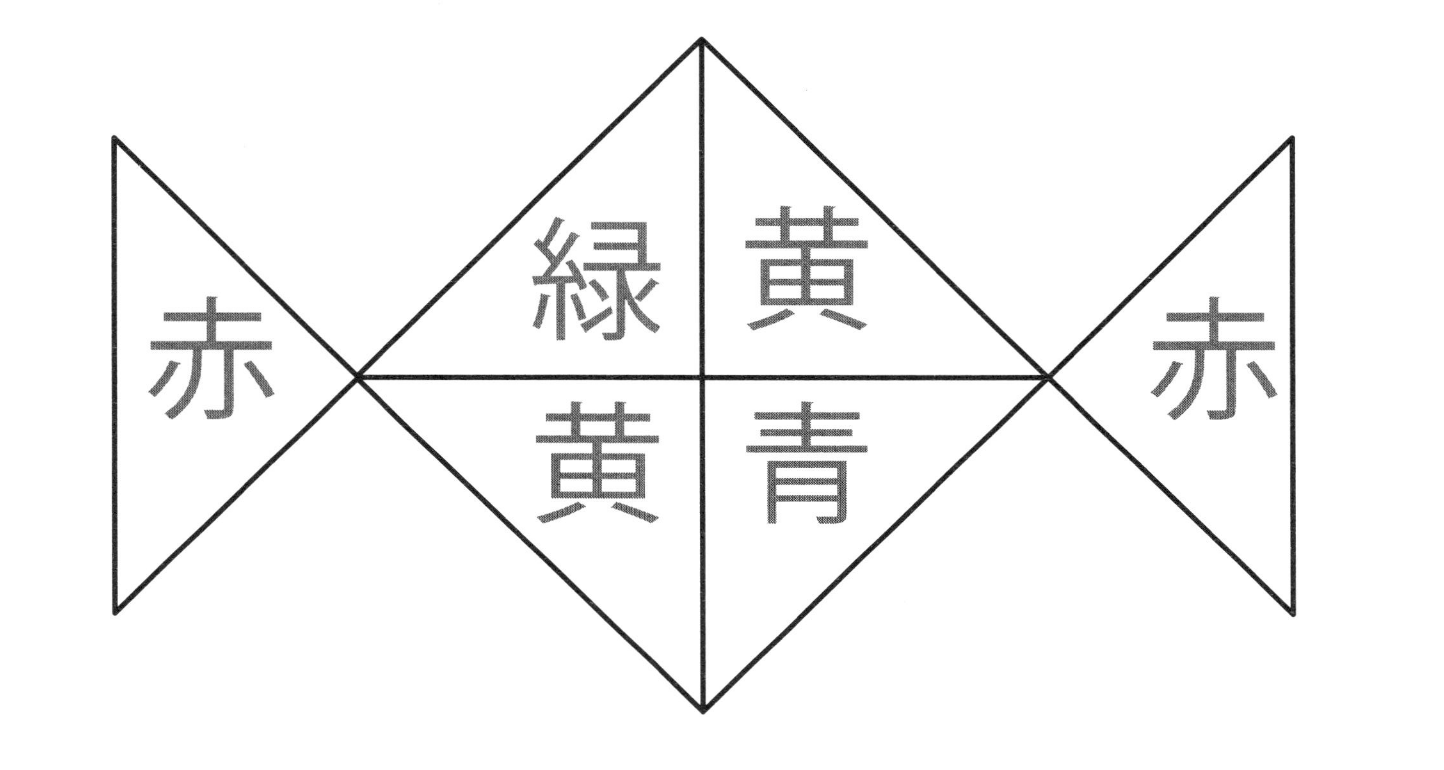

問題３５

問題３７

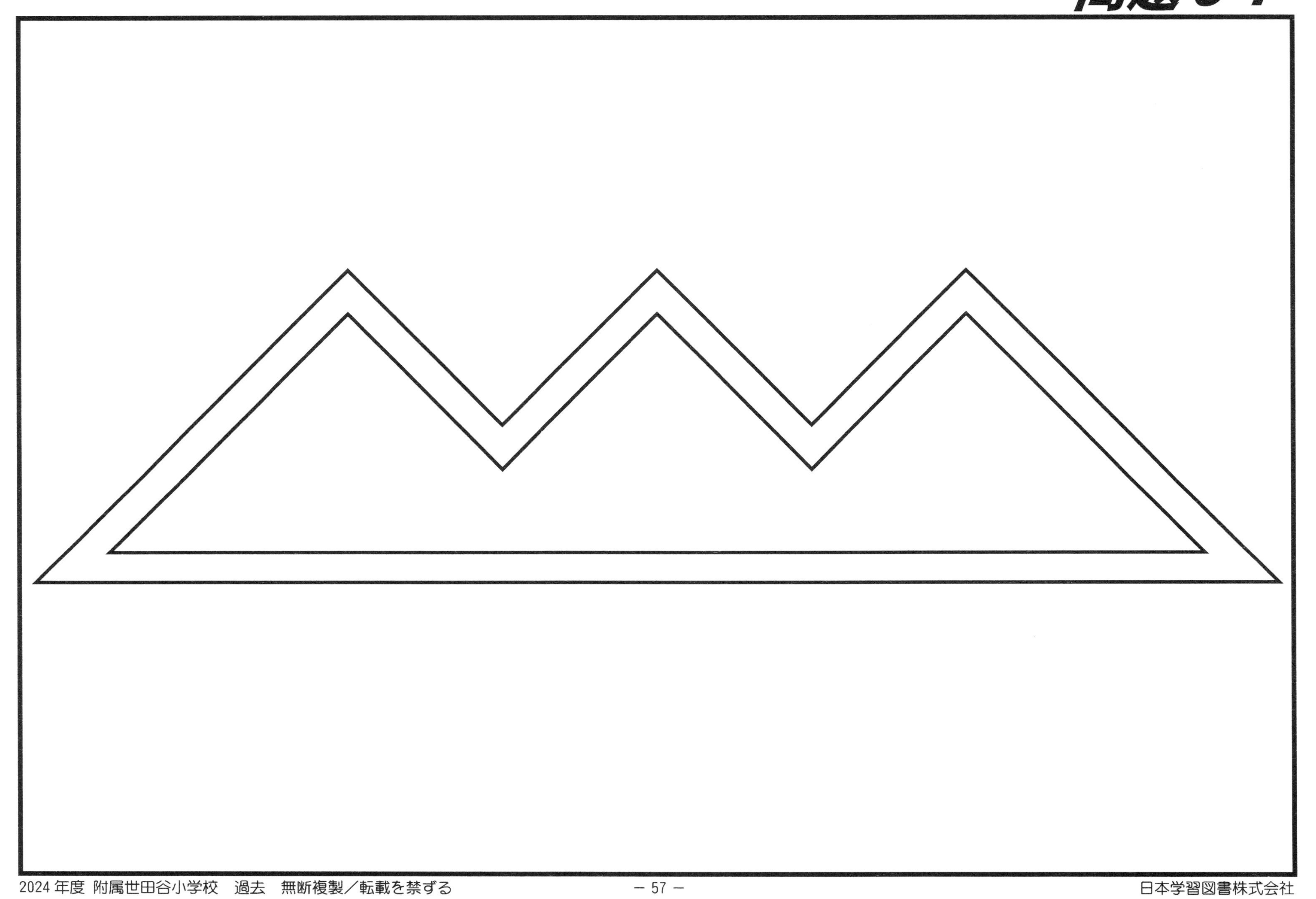

問題３８－１

※線に沿って切り抜き、片面を赤色、
反対側の面を黄色で塗る。

※線に沿って切り抜き、片面を青色、
反対側の面を緑色で塗る。

問題38－2

①

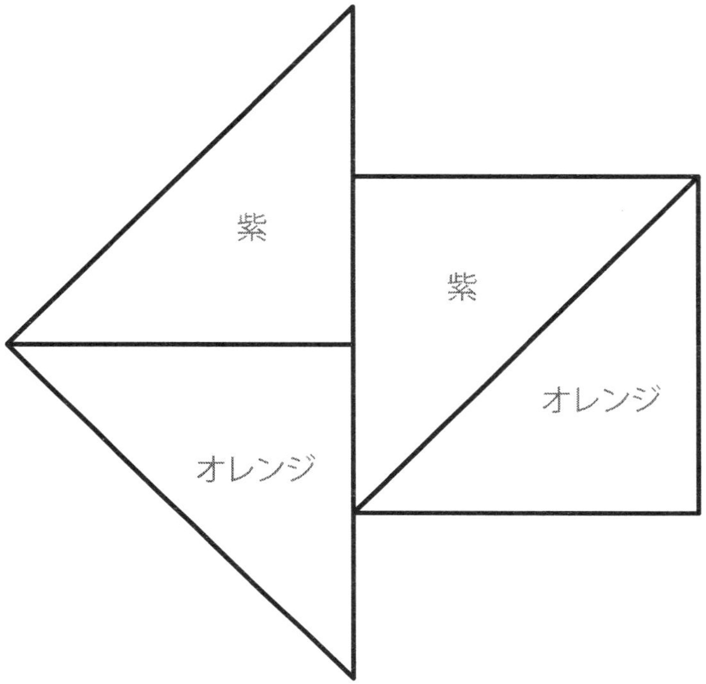

紫

紫

オレンジ

オレンジ

②

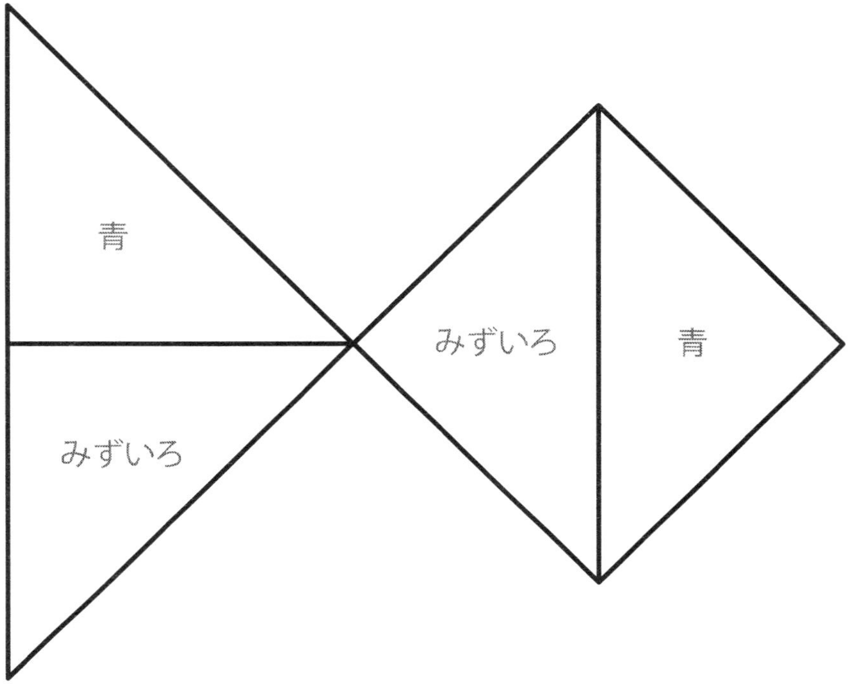

青

みずいろ

みずいろ

青

問題39－1

問題３ ９－２

問題４０－１

問題４０－２

日本学習図書株式会社

図書カード 1000 円分プレゼント

ご記入日 令和　　年　　月　　日

☆国・私立小学校受験アンケート☆

※可能な範囲でご記入下さい。選択肢は○で囲んで下さい。

〈小学校名〉＿＿＿＿＿＿＿＿＿＿　〈お子さまの性別〉男・女　〈誕生月〉＿＿月

〈その他の受験校〉（複数回答可）＿＿＿＿＿＿＿＿＿＿＿＿＿＿＿＿＿＿＿＿

〈受験日〉①：＿＿月＿＿日〈時間〉＿＿時＿＿分　～　＿＿時＿＿分

②：＿＿月＿＿日〈時間〉＿＿時＿＿分　～　＿＿時＿＿分

〈受験者数〉男女計＿＿名（男子＿＿名　女子＿＿名）

〈お子さまの服装〉＿＿＿＿＿＿＿＿＿＿＿＿＿＿＿＿

〈入試全体の流れ〉（記入例）準備体操→行動観察→ペーパーテスト

＿＿＿＿＿＿＿＿＿＿＿＿＿＿＿＿＿＿＿＿＿＿＿＿＿＿

Eメールによる情報提供

日本学習図書では、Eメールでも入試情報を募集しております。

下記のアドレスに、アンケートの内容をご入力の上、メールをお送り下さい。

ojuken@nichigaku.jp

●行動観察　（例）好きなおもちゃで遊ぶ・グループで協力するゲームなど

〈実施日〉＿＿月＿＿日〈時間〉＿＿時＿＿分　～　＿＿時＿＿分〈着替え〉□有　□無

〈出題方法〉□肉声　□録音　□その他（　　　　　　）〈お手本〉□有　□無

〈試験形態〉□個別　□集団（　　　人程度）　〈会場図〉

〈内容〉

□自由遊び

＿＿＿＿＿＿＿＿＿＿＿＿＿＿＿＿＿＿＿＿＿＿＿＿

□グループ活動

＿＿＿＿＿＿＿＿＿＿＿＿＿＿＿＿＿＿＿＿＿＿＿＿

□その他

＿＿＿＿＿＿＿＿＿＿＿＿＿＿＿＿＿＿＿＿＿＿＿＿

●運動テスト（有・無）　（例）跳び箱・チームでの競争など

〈実施日〉＿＿月＿＿日〈時間〉＿＿時＿＿分　～　＿＿時＿＿分〈着替え〉□有　□無

〈出題方法〉□肉声　□録音　□その他（　　　　　　）〈お手本〉□有　□無

〈試験形態〉□個別　□集団（　　　人程度）　〈会場図〉

〈内容〉

□サーキット運動

□走り　□跳び箱　□平均台　□ゴム跳び

□マット運動　□ボール運動　□なわ跳び

□クマ歩き

□グループ活動＿＿＿＿＿＿＿＿＿＿＿＿＿＿＿＿

□その他＿＿＿＿＿＿＿＿＿＿＿＿＿＿＿＿＿＿＿

●知能テスト・口頭試問

〈実施日〉 ＿＿月＿＿日 〈時間〉 ＿＿時＿＿分 ～ ＿＿時＿＿分 〈お手本〉□有 □無

〈出題方法〉 □肉声 □録音 □その他（　　　　　） 〈問題数〉 ＿＿枚 ＿＿問

分野	方法	内容	詳細・イラスト
(例) お話の記憶	☑筆記 □口頭	動物たちが待ち合わせをする話	(あらすじ) 動物たちが待ち合わせをした。最初にウサギさんが来た。次にイヌくんが、その次にネコさんが来た。最後にタヌキくんが来た。 (問題・イラスト) ３番目に来た動物は誰か
お話の記憶	□筆記 □口頭		(あらすじ) (問題・イラスト)
図形	□筆記 □口頭		
言語	□筆記 □口頭		
常識	□筆記 □口頭		
数量	□筆記 □口頭		
推理	□筆記 □口頭		
その他	□筆記 □口頭		

●制作 （例）ぬり絵・お絵かき・工作遊びなど

〈実施日〉＿月＿日 〈時間〉＿時＿分 ～ ＿時＿分

〈出題方法〉 □肉声 □録音 □その他（　　　　） 〈お手本〉□有 □無

〈試験形態〉 □個別 □集団（　　　人程度）

材料・道具	制作内容
□ハサミ □のり（□つぼ □液体 □スティック） □セロハンテープ □鉛筆 □クレヨン（　色） □クーピーペン（　色） □サインペン（　色）□ □画用紙（□ A4 □ B4 □ A3 □その他：　　　　） □折り紙 □新聞紙 □粘土 □その他（　　　　）	□切る □貼る □塗る □ちぎる □結ぶ □描く □その他（　　　　） タイトル：＿＿＿＿＿＿

●面接

〈実施日〉＿月＿日 〈時間〉＿時＿分 ～ ＿時＿分 〈面接担当者〉＿＿名

〈試験形態〉 □志願者のみ（　　）名 □保護者のみ □親子同時 □親子別々

〈質問内容〉

□志望動機 □お子さまの様子

□家庭の教育方針

□志望校についての知識・理解

□その他（　　　　　　）

（ 詳 細 ）

・

・

・

・

※試験会場の様子をご記入下さい。

例

校長先生 教頭先生

父 子 母

出入口

●保護者作文・アンケートの提出（有・無）

〈提出日〉 □面接直前 □出願時 □志願者考査中 □その他（　　　　）

〈下書き〉 □有 □無

〈アンケート内容〉

（記入例）当校を志望した理由はなんですか（150 字）

●説明会（□有　□無）〈開催日〉　　月　　日〈時間〉　時　　分　～　時　　分

〈上履き〉　□要　□不要　〈願書配布〉　□有　□無　〈校舎見学〉　□有　□無

〈ご感想〉

●参加された学校行事（複数回答可）

公開授業〈開催日〉　　月　　日〈時間〉　時　　分　～　時　　分

運動会など〈開催日〉　　月　　日〈時間〉　時　　分　～　時　　分

学習発表会・音楽会など〈開催日〉　　月　　日〈時間〉　時　　分　～　時　　分

〈ご感想〉

※是非参加したほうがよいと感じた行事について

●受験を終えてのご感想、今後受験される方へのアドバイス

※対策学習（重点的に学習しておいた方がよい分野）、当日準備しておいたほうがよい物など

＊＊＊＊＊＊＊＊＊＊＊＊＊　ご記入ありがとうございました　＊＊＊＊＊＊＊＊＊＊＊＊＊

必要事項をご記入の上、ポストにご投函ください。

なお、本アンケートの送付期限は入試終了後３ヶ月とさせていただきます。また、入試に関する情報の記入量が当社の基準に満たない場合、謝礼の送付ができないことがございます。あらかじめご了承ください。

ご住所：〒

お名前：　　　　　メール：

TEL：　　　　　FAX：

アンケートのご記入ありがとうございました

ご記入頂いた個人に関する情報は、当社にて厳重に管理致します。弊社の個人情報取り扱いに関する詳細は、www.nichigaku.jp/policy.php の「個人情報の取り扱い」をご覧下さい。

分野別 小学入試練習帳 ジュニアウォッチャー

1. 点・線図形	小学校入試で出題頻度の高い『点・線図形』の模写を、難易度の低いものから段階別に幅広く練習することができるように構成。
2. 座標	図形の位置模写という作業を、難易度の低いものから段階別に練習できるように構成。
3. パズル	様々なパズルの問題を難易度の低いものから段階別に練習できるように構成。
4. 同図形探し	小学校入試で出題頻度の高い、同図形選びの問題を繰り返し練習できるように構成。
5. 回転・展開	図形などを回転、または展開したとき、形がどのように変化するかを学習し、理解を深められるように構成。
6. 系列	数、図形などの様々な系列問題を、難易度の低いものから段階別に練習できるように構成。
7. 迷路	迷路の問題を繰り返し練習できるように構成。
8. 対称	対称に関する問題を４つのテーマに分類し、各テーマごとに問題を段階別に練習できるように構成。
9. 合成	図形の合成に関する問題を、難易度の低いものから段階別に練習できるように構成。
10. 四方からの観察	もの（立体）を様々な角度から見て、どのように見えるかを推理する問題を段階別に整理し、１つの形式で複数の問題を練習できるように構成。
11. いろいろな仲間	ものや動物、植物の共通点を見つけ、分類していく問題を中心に構成。
12. 日常生活	日常生活における様々な問題を６つのテーマに分類し、各テーマごとに一つの問題形式で複数の問題を練習できるように構成。
13. 時間の流れ	『時間』に着目し、様々なものごとは、時間が経過するとどのように変化するのかということを学習し、理解できるように構成。
14. 数える	様々なものを『数える』ことから、数の多少の判定やかけ算、わり算の基礎までを練習できるように構成。
15. 比較	比較に関する問題を５つのテーマ（数、高さ、長さ、量、重さ）に分類し、各テーマごとに問題を段階別に練習できるように構成。
16. 積み木	数える対象を積み木に限定した問題集。
17. 言葉の音遊び	言葉の音に関する問題を５つのテーマに分類し、各テーマごとに問題を段階別に練習できるように構成。
18. いろいろな言葉	表現力をより豊かにするいろいろな言葉として、擬態語や擬声語、同音異義語、反意語、数詞を取り上げた問題集。
19. お話の記憶	お話を聴いてその内容を記憶、理解し、設問に答える形式の問題集。
20. 見る記憶・聴く記憶	「見て憶える」「聴いて憶える」という『記憶』分野に特化した問題集。
21. お話作り	いくつかの絵を元にしてお話を作る練習をして、想像力を養うことができるように構成。
22. 想像画	描かれてある形や景色に好きな絵を描くことにより、想像力を養うことができるように構成。
23. 切る・貼る・塗る	小学校入試で出題頻度の高い、はさみやのりなどを用いた巧緻性の問題を繰り返し練習できるように構成。
24・絵画	小学校入試で出題頻度の高い、お絵かきやぬり絵などクレヨンやクーピーペンを用いた巧緻性の問題を繰り返し練習できるように構成。
25. 生活巧緻性	小学校入試で出題頻度の高い日常生活の様々な場面における巧緻性の問題集。
26. 文字・数字	ひらがなの清音、濁音、拗音、拗長音、促音と１～20までの数字に焦点を絞り、練習できるように構成。
27. 理科	小学校入試で出題頻度が高くなりつつある理科の問題を集めた問題集。
28. 運動	出題頻度の高い運動問題を種目別に分けて構成。
29. 行動観察	項目ごとに問題提起をし、「このような時はどうか、あるいはどう対処するのか」の観点から問いかける形式の問題集。
30. 生活習慣	学校から家庭に提起された問題と思って、一問一問絵を見ながら話し合い、考える形式の問題集。
31. 推理思考	数、量、言語、常識（含理科、一般）など、諸々のジャンルから問題を構成し、近年の小学校入試問題傾向に沿って構成。
32. ブラックボックス	箱や筒の中を通ると、どのようなお約束でどのように変化するかを推理・思考する問題集。
33. シーソー	重さの違うものをシーソーに乗せた時どちらに傾くのか、またどうすればシーソーは釣り合うのかを思考する基礎的な問題集。
34. 季節	様々な行事や植物などを季節別に分類できるように知識をつける問題集。
35. 重ね図形	小学校入試で頻繁に出題されている「図形を重ね合わせてできる形」についての問題を集めました。
36. 同数発見	様々な物を数え「同じ数」を発見し、数の多少の判断や数の認識の基礎を学べるように構成した問題集。
37. 選んで数える	数の学習の基本となる、いろいろなものの数を正しく数える学習を行う問題集。
38. たし算・ひき算1	数字を使わず、たし算とひき算の基礎を身につけるための問題集。
39. たし算・ひき算2	数字を使わず、たし算とひき算の基礎を身につけるための問題集。
40. 数を分ける	数を等しく分ける問題です。等しく分けたときに余りが出るものもあります。
41. 数の構成	ある数がどのような数で構成されているか学んでいきます。
42. 一対多の対応	一対一の対応から、一対多の対応まで、かけ算の考え方の基礎学習を行います。
43. 数のやりとり	あげたり、もらったり、数の変化をしっかりと学びます。
44. 見えない数	指定された条件から数を導き出します。
45. 図形分割	図形の分割に関する問題集。パズルや合成の分野にも通じる様々な問題を集めました。
46. 回転図形	「回転図形」に関する問題集。やさしい問題から始め、いくつかの代表的なパターンから、段階を踏んで学習できるよう編集されています。
47. 座標の移動	「マス目の指示通りに移動する問題」と「指示された数だけ移動する問題」を収録。
48. 鏡図形	鏡で左右反転させた時の見え方を考えます。平面図形から立体図形、文字、絵まで。
49. しりとり	すべての学習の基礎となる「言葉」を学ぶこと、特に「語彙」を増やすことに重点をおき、さまざまなタイプの「しりとり」問題を集めました。
50. 観覧車	観覧車やメリーゴーラウンドなどを舞台にした「回転系列」の問題集。「推理思考」分野の問題ですが、要素として「図形」や「数量」も含みます。
51. 運筆①	鉛筆の持ち方を学び、点線なぞり、お手本を見ながらの模写で、線を引く練習をします。
52. 運筆②	運筆①からさらに発展し、「欠所補完」や「迷路」などを楽しみながら、より複雑な鉛筆運びを習得することを目指します。
53. 四方からの観察 積み木編	積み木を使用した「四方からの観察」に関する問題を練習できるように構成。
54. 図形の構成	見本の図形がどのような部分によって形づくられているかを考えます。
55. 理科②	理科的知識に関する問題を集中して練習する「常識」分野の問題集。
56. マナーとルール	道路や駅、公共の場でのマナー、安全や衛生に関する常識を学べるように構成。
57. 置き換え	さまざまな具体的・抽象的事象を記号で表す「置き換え」の問題を扱います。
58. 比較②	長さ・高さ・体積・数などを数学的な知識を使わず、論理的に推測する「比較」の問題を練習できるように構成。
59. 欠所補完	線と線のつながり、欠けた絵に当てはまるものなどを求める「欠所補完」に取り組める問題集です。
60. 言葉の音（おん）	しりとり、決まった順番の音をつなげるなど、「言葉の音」に関する問題に取り組める練習問題集です。

◆◆ニチガクのおすすめ問題集◆◆

より充実した家庭学習を目指し、ニチガクではさまざまな問題集をとりそろえております!!

サクセスウォッチャーズ（全18巻）

①～⑱
本体各￥2,200＋税

全9分野を「基礎必修編」「実力アップ編」の2巻でカバーした、合計18冊。

各巻80問と豊富な問題数に加え、他の問題集では掲載していない詳しいアドバイスが、お子さまを指導する際に役立ちます。

各ページが、すぐに使えるミシン目付き。本番を意識したドリルワークが可能です。

ジュニアウォッチャー（既刊60巻）

①～⑥⓪（以下続刊）
本体各￥1,500＋税

入試出題頻度の高い9分野を、さらに60の項目にまで細分化。基礎学習に最適のシリーズ。

苦手分野におけるつまずきを、効率よく克服するための60冊です。

ポイントが絞られているため、無駄なく高い効果を得られます。

国立・私立NEWウォッチャーズ

言語／理科／図形／記憶
常識／数量／推理
本体各￥2,000＋税

シリーズ累計発行部数40万部以上を誇る大ベストセラー「ウォッチャーズシリーズ」の趣旨を引き継ぐ新シリーズ!!

実際に出題された過去問の「類題」を32問掲載。全問に「解答のポイント」付きだから家庭学習に最適です。「ミシン目」付き切り離し可能なプリント学習タイプ！

実践 ゆびさきトレーニング①・②・③

本体各￥2,500＋税

制作問題に特化した一冊。有名校が実際に出題した類似問題を35問掲載。

様々な道具の扱い（はさみ・のり・セロハンテープの使い方）から、手先・指先の訓練（ちぎる・貼る・塗る・切る・結ぶ）、また、表現することの楽しさも経験できる問題集です。

お話の記憶・読み聞かせ

［お話の記憶問題集］
中級／上級編
本体各￥2,000＋税

初級／過去類似編／ベスト30
本体各￥2,600＋税

1話5分の読み聞かせお話集①・②、入試実践編①
本体各￥1,800＋税

あらゆる学習に不可欠な、語彙力・集中力・記憶力・理解力・想像力を養うと言われているのが「お話の記憶」分野の問題。問題集は全問アドバイス付き。

分野別 苦手克服シリーズ（全6巻）

図形／数量／言語／
常識／記憶／推理
本体各￥2,000＋税

数量・図形・言語・常識・記憶の6分野。アンケートに基づいて、多くのお子さまがつまづきやすい苦手問題を、それぞれ40問掲載しました。

全問アドバイス付きですので、ご家庭において、そのつまづきを解消するためのプロセスも理解できます。

運動テスト・ノンペーパーテスト問題集

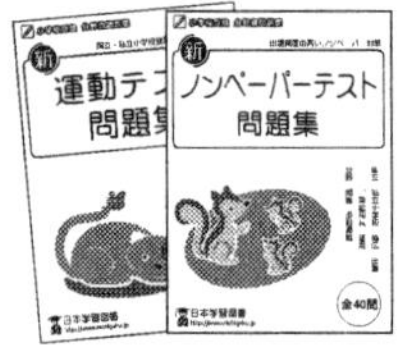

新 運動テスト問題集
本体￥2,200＋税

新 ノンペーパーテスト問題集
本体￥2,600＋税

ノンペーパーテストは国立・私立小学校で幅広く出題される、筆記用具を使用しない分野の問題を全40問掲載。

運動テスト問題集は運動分野に特化した問題集です。指示の理解や、ルールを守る訓練など、ポイントを押さえた学習に最適。全35問掲載。

口頭試問・面接テスト問題集

新 口頭試問・個別テスト問題集
本体￥2,500＋税

面接テスト問題集
本体￥2,000＋税

口頭試問は、主に個別テストとして口頭で出題解答を行うテスト形式。面接は、主に「考え」やふだんの「あり方」をたずねられるものです。

口頭で答える点は同じですが、内容は大きく異なります。想定する質問内容や答え方の幅を広げるために、どちらも手にとっていただきたい問題集です。

小学校受験 厳選難問集 ①・②

本体各￥2,600＋税

実際に出題された入試問題の中から、難易度の高い問題をピックアップし、アレンジした問題集。応用問題への挑戦は、基礎の理解度を測るだけでなく、お子さまの達成感・知的好奇心を触発します。

①は数量・図形・推理・言語、②は位置・常識・比較・記憶分野の難問を掲載。それぞれ40問。

国立小学校 対策問題集

国立小学校入試問題A・B・C（全3巻）本体各￥3,282＋税

新 国立小学校直前集中講座
本体￥3,000＋税

国立小学校頻出の問題を厳選。細かな指導方法やアドバイスが掲載してあり、効率的な学習が進められます。「総集編」は難易度別にA～Cの3冊。付録のレーダーチャートにより得意・不得意を認識でき、国立小学校受験対策に最適です。入試直前の対策には「新 直前集中講座」！

おうちでチャレンジ ①・②

本体各￥1,800＋税

関西最大級の模擬試験である小学校受験標準テストのペーパー問題を編集した実力養成に最適な問題集。延べ受験者数10,000人以上のデータを分析しお子さまの習熟度・到達度を一目で判別。

保護者必読の特別アドバイス収録！

Q&Aシリーズ

『小学校受験で知っておくべき125のこと』
『小学校受験に関する 保護者の悩みQ&A』
『新 小学校受験の入試面接Q&A』
『新 小学校受験 願書・アンケート文例集500』
本体各￥2,600＋税

『小学校受験のための
願書の書き方から面接まで』
本体￥2,500＋税

「知りたい！」「聞きたい！」「こんな時どうすれば…？」そんな疑問や悩みにお答えする、オススメの人気シリーズです。

書籍についてのご注文・お問い合わせ
☎ 03-5261-8951

http://www.nichigaku.jp
※ご注文方法、書籍についての詳細は、Webサイトをご覧ください。

日本学習図書　検索

東京学芸大学附属世田谷小学校　専用注文書

年　月　日

合格のための問題集ベスト・セレクション

＊入試頻出分野ベスト３

1st　お話の記憶
集中力　聞く力

2nd　常　識
知　識　公　共

3rd　口頭試問
聞く力　話す力

ペーパーテスト・口頭試問ではマナー・常識に関する出題がされています。年齢相応のマナー・常識は身に付けておきましょう。図形、巧緻性の問題も学力の基礎があれば解ける問題です。基礎レベルなので、どのお子さまも解答してきます。１つひとつの問題を間違えないように集中していきましょう。

分野	書　名	価格(税込)	注文	分野	書　名	価格(税込)	注文
図形	Ｊｒ・ウォッチャー１「点・線図形」	1,650円	冊	常識	Ｊｒ・ウォッチャー56「マナーとルール」	1,650円	冊
図形	Ｊｒ・ウォッチャー３「パズル」	1,650円	冊		実践 ゆびさきトレーニング①②③	2,750円	各　冊
推理	Ｊｒ・ウォッチャー７「迷路」	1,650円	冊		面接テスト問題集	2,200円	冊
図形	Ｊｒ・ウォッチャー９「合成」	1,650円	冊		１話５分の読み聞かせお話集①②	1,980円	各　冊
記憶	Ｊｒ・ウォッチャー19「お話の記憶」	1,650円	冊		お話の記憶 初級編	2,860円	冊
巧緻性	Ｊｒ・ウォッチャー25「生活巧緻性」	1,650円	冊		お話の記憶 中級編	2,200円	冊
常識	Ｊｒ・ウォッチャー27「理科」	1,650円	冊		お話の記憶 上級編	2,200円	冊
運動	Ｊｒ・ウォッチャー28「運動」	1,650円	冊		新 口頭試問・個別テスト問題集	2,750円	冊
行動観察	Ｊｒ・ウォッチャー29「行動観察」	1,650円	冊		新 運動テスト問題集	2,420円	冊
常識	Ｊｒ・ウォッチャー30「生活習慣」	1,650円	冊		新 小学校受験　願書・アンケート・作文文例集500	2,860円	冊
常識	Ｊｒ・ウォッチャー34「季節」	1,650円	冊		口頭試問最強マニュアル「生活体験編」	2,200円	冊
巧緻性	Ｊｒ・ウォッチャー51「運筆①」	1,650円	冊				
巧緻性	Ｊｒ・ウォッチャー52「運筆②」	1,650円	冊				
図形	Ｊｒ・ウォッチャー54「図形の構成」	1,650円	冊				

合計	冊	円

(フリガナ) 氏　名	電　話 ＦＡＸ E-mail
住　所　〒　　　－	以前にご注文されたことはございますか。 有　・　無

★お近くの書店、または記載の電話・FAX・ホームページにてご注文をお受けしております。
電話：03-5261-8951　FAX：03-5261-8953　代金は書籍合計金額＋送料がかかります。
※なお、落丁・乱丁以外の理由による商品の返品・交換には応じかねます。
★ご記入頂いた個人に関する情報は、当社にて厳重に管理致します。なお、ご購入の商品発送の他に、当社発行の書籍案内、書籍に関する調査に使用させて頂く場合がございますので、予めご了承ください。

日本学習図書株式会社
http://www.nichigaku.jp

家庭学習をトータルサポート！ ニチガクのオリジナル 効果的 学習法

1 まずは アドバイスページを読む！

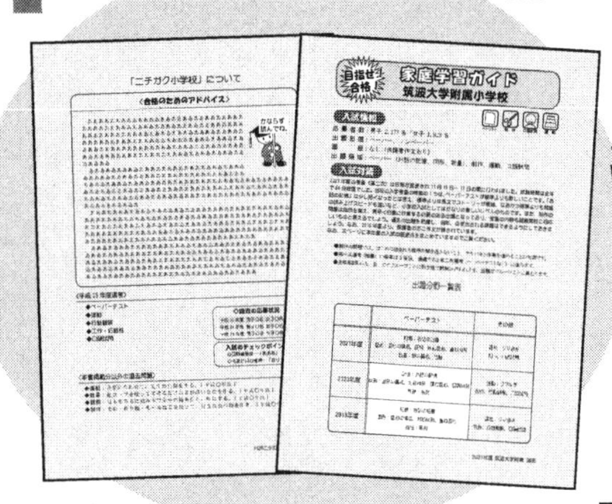

ピンク色です

対策や試験ポイントがぎっしりつまった「家庭学習ガイド」。分野アイコンで、試験の傾向をおさえよう！

2 問題をすべて読み、出題傾向を把握する

3 「学習のポイント」で学校側の観点や問題の解説を熟読

4 はじめて過去問題にチャレンジ！

5 プラスα 対策問題集や類題で力を付ける

過去問のこだわり

最新問題は問題ページ、イラストページ、解答・解説ページが独立しており、お子さまにすぐに取り掛かっていただける作りになっています。
ニチガクの学校別問題集ならではの、学習法を含めたアドバイスを利用して効率のよい家庭学習を進めてください。

各問題のジャンル

問題8 分野：図形（構成・重ね図形）

〈準 備〉 鉛筆、消しゴム

〈問 題〉 ①この形は、左の三角形を何枚使ってできていますか。その数だけ右の四角に○を書いてください。
②左の絵の一番下になっている形に○をつけてください。
③左には、透明な板に書かれた３枚の絵があります。この絵をそのまま３枚重ねると、どうなりますか。右から選んで○をつけてください。
④左には、透明な板に書かれた３枚の絵があります。この絵をそのまま３枚重ねると、どうなりますか。右から選んで○をつけてください。

〈時 間〉 各20秒

〈解 答〉 ①○４つ ②中央 ③右端 ④右端

学習のポイント

空間認識力を総合的に観ることができる問題構成といえるでしょう。これらの３問を見て、どの問題もすんなりと解くことができたでしょうか。当校の入試は、基本問題は確実に解き、難問をどれだけ正解するかで合格が近づいてきます。その観点からいうなら、この問題は全問正解したい問題に入ります。この問題も、お子さま自身に答え合わせをさせることをおすすめいたします。自分で実際に確認することでどのようになっているのか把握することが可能で、理解度が上がります。実際に操作したとき、どうなっているのか。何処がポイントになるのかなど、質問をすると、答えることが確認作業になるため、知識の習得につながります。形や条件を変え、色々な問題にチャレンジしてみましょう。

【おすすめ問題集】
Jr.ウォッチャー45「図形分割」

学習のポイント

各問題の解説や学校の観点、指導のポイントなどを教えます。
今日から保護者の方が家庭学習の先生に！

おすすめ対策問題集

分野ごとに対策問題集をご紹介。苦手分野の克服に最適です！
＊専用注文書付き。

2024年度版 東京学芸大学附属世田谷小学校
過去問題集

発行日 2023年4月24日
発行所 〒162-0821 東京都新宿区津久戸町 3-11-9F
日本学習図書株式会社
電 話 03-5261-8951 ㈹

ISBN978-4-7761-5505-8

C6037 ¥2000E

定価 2,200 円
(本体 2,000 円 + 税 10%)

詳細は http://www.nichigaku.jp 日本学習図書 検索